ABRAHAM LINCOLN

SU LIDERAZGO

ABRAHAM LINCOLN

SU LIDERAZGO

LAS LECCIONES Y EL LEGADO DE UN PRESIDENTE

César Vidal

GRUPO NELSON
Una división de Thomas Nelson Publishers
Desde 1798

NASHVILLE   DALLAS   MÉXICO DF.   RÍO DE JANEIRO

Publicado en Nashville, Tennessee, Estados Unidos de América.
Grupo Nelson, Inc. es una subsidiaria que pertenece
completamente a Thomas Nelson, Inc.
Grupo Nelson es una marca registrada de Thomas Nelson, Inc.
www.gruponelson.com

Editora General: *Graciela Lelli*

Diseño: *Grupo Nivel Uno, Inc*

ISBN: 978-1-60255-798-7

Impreso en Estados Unidos de América

Índice

Índice

PREÁMBULO

La figura de Lincoln se yergue con tintes extraordinarios no sólo sobre la Historia de los Estados Unidos, sino sobre la universal. Con seguridad, esa relevancia ha llevado a no pocos a intentar apoderarse de tan notable personaje por las más diversas razones. Por ejemplo, cuando Stalin decidió en el verano de 1936 enviar a millares de voluntarios comunistas a combatir a España al lado del Frente popular, el contingente norteamericano tomó para sí el nombre de Abraham Lincoln Batallion. Muy poco tenía que ver aquella unidad al servicio de la Unión soviética con los ideales de Lincoln, pero no podía dudarse que, en términos propagandísticos, resultaba de enorme interés el que se la asociara con el presidente que había emancipado a los esclavos.

En otros casos, la descripción de Lincoln reflejaba más al que lo había trazado que al retratado. La novela *Lincoln* de Gore Vidal es, sin duda, un logro literario y se encuentra muy bien documentada, pero, al leerla, damos con una caracterización de Lincoln —corrupto, cínico, descreído, oportunista...— que falsea la verdad histórica. El *Lincoln* de Gore Vidal no es, desde luego, el Lincoln de la Historia.

De manera bien significativa, el aspecto de la personalidad de Lincoln que ha sido peor tratado tanto en obras de ficción como de no ficción es el espiritual. Es común hallar biografías en que el presidente aparece como un librepensador, un descreído o incluso un ateo. De nuevo, la realidad histórica resulta muy diferente.

Hace más de una década comencé a estudiar en profundidad las fuentes históricas relacionadas con la vida y el pensamiento de Abraham Lincoln. Ese estudio acabó plasmándose en una obra que obtuvo el premio de biografía Las Luces y que ha sido objeto de distintas ediciones. Sin embargo, si para el lector de habla española lo importante fue encontrarse con una biografía del presidente escrita por un español, para mí lo fue el descubrir un Lincoln no poco diferente del que había visto descrito en diferentes libros.

En contra de lo repetido hasta la saciedad, Lincoln fue un hombre de fe, que oraba habitualmente, que leía y conocía la Biblia en profundidad y que buscaba la dirección de Dios para su vida.

Estas páginas no constituyen una biografía de Lincoln. De hecho, para el que quiera leer una me permito remitirle a la mía ya citada. Se tratan más bien de un ensayo histórico sobre la fe del presidente. Estoy convencido de que la misma fue decisiva en su vida y de que prácticamente nada de lo que hizo puede explicarse al margen de esa circunstancia. Precisamente por ello, he preferido irme deteniendo en una exposición de los acontecimientos más relevantes de su existencia —la guerra entre los Estados, la Proclama de Emancipación, sí, pero también sus desdichas familiares— mostrando cómo se vieron impregnados de manera decisiva por su fe. Me he detenido de manera especial en sus discursos y escritos y en los testimonios de personas que vivieron a su lado y que dieron fe de lo que Lincoln vivía. Semejantes fuentes nos permiten reconstruir sobradamente esa fe de Lincoln.

Estoy por ello seguro de que, concluida la lectura de estas páginas, será el propio lector el que se habrá formado una opinión cabal del tema. Será una opinión no nacida de repetir lo escuchado en cualquier lugar, sino la de examinar las propias palabras de Lincoln y las de los que lo conocieron y trataron.

No les entretengo más. Lincoln y su fe los esperan.

Madrid—Miami—Madrid, verano de 2009

UNA NACIÓN GRANDE DIVIDA POR LA ESCLAVITUD

Del inicio de la esclavitud al compromiso de Missouri[1]

El nacimiento de los Estados Unidos constituye una de las aventuras más prodigiosas de que tiene noticia la Historia universal. En un extremo del mundo, se produjo el surgimiento de una nueva nación cuya forma de gobierno unía la visión parlamentaria de los puritanos ingleses en relación con la separación de poderes con una sorprendente forma de Estado republicana y federal. Todo ello era coronado por la afirmación de que el origen de esa resolución había partido de manera soberana de «We, the People»: Nosotros, el pueblo, proclamando una serie de derechos inalienables y procedentes del propio Creador, como «la vida, la libertad y la búsqueda de la felicidad». Sin embargo, sobre tan extraordinario logro arrojaba su sombra una institución peculiar, la esclavitud.

La presencia de esclavos africanos en lo que luego serían los Estados Unidos estuvo relacionada originalmente con la prosperidad que experimentó en la época en que todavía formaba parte de la colonia inglesa la bahía de Chesapeake. El cultivo de tabaco se convirtió en un magnífico negocio que exigía una mano de obra abundante. En el último cuarto del siglo XVII, en que se hizo excesivamente caro contar con trabajadores ingleses, los colonos asentados en aquellas zonas comenzaron a importar esclavos africanos que, en muy poco tiempo, pasaron a ser la mano de obra predominante en el Sur.

Cuando las antiguas colonias inglesas se convirtieron en una nación independiente, la esclavitud recibió escasa consideración. Algunos grupos, como los cuáqueros, la contemplaban como un fenómeno totalmente inicuo y excomulgaban a los miembros que poseían esclavos pero, sin ningún género de dudas, se trataban de una excepción. De hecho, en general, la población estimaba que los negros eran inferiores a los blancos y, por lo tanto, nada de extraño tenía que se vieran reducidos a la esclavitud. Incluso, en un ejercicio de autojustificación, se alegaba que el haberlos arrancado de la barbarie en que vivían en sus países y traído a la civilización había significado para ellos un beneficio.[2] Partiendo de ese contexto, no puede resultar extraño que la Constitución no mencionara la esclavitud aunque de su silencio algunos desprendieran que la aceptaba. Por lo que se refiere a la Declaración de Derechos tampoco incluía el de no ser reducido a esclavitud. Como corolario en parte lógico de este panorama, el gobierno federal no estaba facultado para llevar a cabo la aprobación de ninguna ley que tuviera relación con el tema.

De esa manera, cada estado se vio otorgada la potestad de decidir si consentía la esclavitud en su territorio o la prohibía. La única excepción al respecto fue el territorio situado al norte del río Ohio, donde la esclavitud ya había sido prohibida antes de que la Constitución fuera redactada y promulgada.

A pesar de todo lo anterior, durante los años que siguieron a la independencia, la posición antiesclavista mantenida por los cuáqueros se fue popularizando y caló en primer lugar, como era de esperar, entre las personas que pertenecían a alguna iglesia. Así, el 1 de enero de 1808 se declaró ilegal la importación de esclavos africanos y en 1819 la institución misma de la esclavitud se convirtió en ilegal en los estados situados al norte de la línea Mason-Dixon, que señalaba el límite entre Pennsylvania, el territorio denominado así por haber sido adquirido por el cuáquero inglés William Penn, y Maryland. Para aquel entonces, los denominados «estados libres» no reprimían sus críticas contra los «estados esclavistas» ya que éstos mantenían en pie una institución que sólo podía ser considerada ominosa y cuya vergüenza se transmitía a toda la nación en bloque.

Contra lo que suele creerse, es más que posible que la esclavitud hubiera podido desaparecer de los estados sureños durante aquellos primeros años del siglo XIX. De hecho, no eran pocos los dueños de esclavos que los emancipaban en su testamento y tampoco faltaron las organizaciones que buscaron devolver a los negros a su continente de origen. En 1816, por ejemplo, se fundó la Sociedad Americana de Colonización que trasladó a África un contingente de negros liberados con los que se fundó Liberia.

La capital de la nueva nación recibió precisamente el nombre de Monrovia en honor del presidente Monroe.[3]

La razón que impidió que este proceso de abolición paulatina de la esclavitud continuara hasta la extinción de la institución fue, paradójicamente, un avance técnico. Un tal Eli Whitney, natural de Connecticut, inventó a finales de 1793 una máquina desmotadora que permitía con bastante facilidad separar las fibras de algodón de las simientes. El nuevo invento facilitaba enormemente su cultivo e impulsó una producción floreciente destinada a la industria textil no sólo del norte de la nación, sino también del extranjero, especialmente de Gran Bretaña. Sin embargo, el algodón debía ser previamente recogido a mano por legiones de braceros y los cultivadores llegaron a la conclusión de que la mano de obra más idónea era precisamente la que podían proporcionar los esclavos. Semejante análisis ha sido desmentido repetidamente en estudios económicos que señalaban la tendencia a la molicie de los esclavos, el gasto que éstos significaban para sus amos cuando enfermaban y envejecían, etc.,[4] pero semejantes argumentos no resultaban convincentes para los agricultores del Sur. De esa manera, la esclavitud no sólo no desapareció, sino que incluso se vio como un requisito indispensable para la prosperidad económica de los estados sureños. En su defensa no sólo se alegaban los pervertidos argumentos que, por ejemplo, habían utilizado los ilustrados franceses del siglo anterior, sino también el temor a los efectos terribles de una rebelión de esclavos como la que había padecido la isla de Santo Domingo[5] o el sistema federal que, supuestamente, dejaba al arbitrio de cada estado la regulación de un tema como la esclavitud.[6]

Durante la segunda década del siglo XIX, a pesar de su firme creencia en que la razón y el derecho les asistían, y aunque contaban con mayor superficie,[7] los sureños eran conscientes de que el crecimiento demográfico no actuaba en su favor. Los estados esclavistas no alcanzaban los cuatro millones y medio de habitantes, de los que una tercera parte eran esclavos negros, frente a los cinco millones de habitantes de los estados libres. Además, los inmigrantes extranjeros se asentaban en el norte industrial y no en el sur, donde las tareas agrícolas eran llevadas a cabo mayoritariamente por esclavos. Las consecuencias políticas de este proceso eran claras. Si en el Congreso de los Estados Unidos esta diferencia se traducía en una ventaja de los estados libres sobre los esclavistas en una proporción de tres a dos, en la elección de los presidentes, su peso era también mayor. Los estados esclavistas podían haber llegado a la conclusión de que la esclavitud, que aparentemente les resultaba tan beneficiosa, en realidad les estaba creando unos problemas que cada vez serían mayores. No obstante, prefirieron encastillarse en esa política apoyándose en el Senado. Dado su carácter de cámara territorial, lo que se traducía en que cada estado contaba con dos senadores por desigual que fuera su población, los sureños podían seguir imponiendo su punto de vista aunque fuera minoritario (¡e injusto!) siempre que el número de estados libres no fuera superior al de los esclavistas. En 1819, de los veintidós estados, la mitad exacta era esclavista.[8]

La posición de los estados sureños en 1820 obtuvo una clamorosa victoria en virtud del denominado «Compromiso de Missouri». De acuerdo con éste, Maine fue aceptado como estado libre al mismo tiempo que Missouri lo era como estado esclavista. A la vez que se mantenía la igualdad de senadores, se acordó que la esclavitud quedaría excluida de los territorios no organizados como estados situados al norte de los 36 grados 30 minutos de latitud Norte, es decir, el límite meridional de Missouri. Dado que los estados esclavistas contaban con que el dominio español al sur de las fronteras de Estados Unidos iba a desmoronarse de un momento a otro, a su juicio podía producirse una expansión territorial hacia México, donde podrían crear todos los estados esclavistas que desearan. A todo lo anterior iba a sumarse un episodio fatal que retrasó considerablemente las posibilidades de emancipación de los esclavos.

DE LA REBELIÓN DE NAT TURNER AL COMPROMISO DE 1850

El 21 de agosto de 1831, Nat Turner,[9] un esclavo negro del condado de Southampton, Virginia, irrumpió en compañía de siete compañeros en casa de su amo y lo mató, al igual que a otros cinco miembros de su familia. Se produjo a continuación una verdadera orgía de sangre en el curso de la cual Turner y una setentena de esclavos negros ocasionaron la muerte de cincuenta y cinco blancos en un solo día. La reacción no se hizo esperar. El 30 de octubre, Nat Turner fue capturado y el 11 de noviembre se procedió a su ejecución en la horca en compañía de otros dieciséis esclavos. Para entonces, un centenar más de negros, no pocos de ellos inocentes, habían sido muertos.

En realidad, fueron muchos los esclavos que defendieron a sus amos durante la revuelta de Turner, que, por otro lado, no contó con ningún tipo de ayuda externa. Sin embargo, de manera fácilmente comprensible, en los estados sureños se desató una oleada de pánico que disipó cualquier posibilidad de tratar con sensatez la cuestión de la esclavitud. Así, los estados sureños realizaron incesantes presiones, no sin éxito, para que se restringieran las actividades de los grupos abolicionistas. Éstos, sin embargo, iban a recibir un inesperado apoyo popular a raíz de un proceso que sería célebre.

En 1807, como consecuencia de la actividad de una serie de grupos cristianos, entre los que destacaron metodistas, bautistas y cuáqueros, Gran Bretaña declaró abolido el comercio de esclavos, una medida que fue seguida de manera casi inmediata por los Estados Unidos. Cuando en 1833 se liberó a todos los esclavos en territorio bajo bandera británica, la respuesta norteamericana fue muy diferente. De hecho, mientras que buen número de naciones suscribieron tratados con Gran Bretaña que facultaban a los navíos de esta nación para detener e inspeccionar los barcos que pudieran comerciar con esclavos, Estados Unidos se opuso tajantemente a tal medida. La consecuencia directa de semejante actitud fue que los barcos negreros comenzaron a navegar bajo pabellón americano. En 1839, uno de estos navíos, el barco español *Amistad*, sufrió un motín de los esclavos negros en su travesía hacia Cuba. Los africanos mataron al capitán y a uno de los marineros y a continuación abandonaron a los demás en la costa, a excepción de dos tripulantes que debían llevar el barco de regreso a África. Los marineros lograron engañar a los negros y éstos atracaron en New Haven, Connecticut. España exigió entonces que los Estados Unidos devolvieran a los negros para juzgarlos como piratas. Van Buren, el entonces presidente, consideraba legítima la petición española, pero los grupos abolicionistas argumentaron que la esclavitud era ilegal en Connecticut y que, dado que los negros debían ser considerados libres, era un absurdo entregarlos a las autoridades españolas para que los esclavizaran de nuevo, si es que no los ejecutaban.

El asunto llegó al Tribunal Supremo, donde cinco de sus miembros, incluyendo a Taney,[10] el presidente, eran originarios de estados esclavistas, pero donde la tesis favorable a la liberación de los esclavos corrió a cargo de John Quincy Adams. Aunque el episodio ha recibido un relieve exagerado en una reciente película de Spielberg, lo cierto es que Adams no tuvo que conmover a los jueces por la sencilla razón de que la ley estaba sobradamente de su parte. El comercio de esclavos era ilegal tanto según las leyes norteamericanas como de acuerdo con las españolas y, por añadidura, los negros habían intentado librarse de un secuestro. Por todo ello, no es de extrañar que el 9 de marzo de 1841 el Tribunal Supremo dictara una resolución favorable a la libertad de los esclavos que, al fin y a la postre, fueron devueltos a África. En los estados esclavistas, la sentencia fue muy mal recibida en la medida en que dejaba impunes los homicidios de hombres blancos y, para colmo, a los pocos meses, los ánimos sureños volvieron a encresparse.

La causa fue un episodio que tuvo lugar el 27 de octubre de 1841. En la citada fecha, un barco americano, el *Creole*, que transportaba a ciento treinta esclavos negros de Hampton Roads, Virginia, a Nueva Orleans, Louisiana, sufrió un motín en el curso del cual murió un hombre blanco pasando la nave a manos de los insurrectos. El *Creole* fue conducido hasta las Bahamas, posesión británica a la sazón, donde las autoridades detuvieron a los amotinados y pusieron en libertad a los restantes esclavos. Los norteamericanos alegaron que el asunto del *Amistad* no establecía ningún precedente, pero que incluso aunque ése hubiera sido el caso no era de aplicación al asunto del *Creole*, ya que la nave no transportaba negros africanos sino americanos y además realizaba una travesía entre dos puntos del territorio nacional. Los británicos ignoraron las protestas norteamericanas y se negaron a entregar a los esclavos.[11]

El asunto del *Creole* sirvió para atizar el enfrentamiento entre abolicionistas y esclavistas. Uno de los representantes de Ohio, llamado Joshua Reed Giddings, aprovechó la situación para

presentar en el Congreso una serie de proyectos de ley antiesclavistas encaminados, por ejemplo, a impedir la navegación costera
para transportar esclavos entre estados. La reacción sureña fue
durísima y no sólo consiguió que el Congreso rechazase las pro-
puestas, sino que incluso provocó una moción de censura contra
Giddings, que renunció inmediatamente a su escaño. Sin embargo, el congresista no estaba dispuesto a dejarse vencer y se presen-
tó a las elecciones convocadas para cubrirlo. El 8 de mayo de 1842
fue reelegido por una considerable mayoría.

Las continuadas victorias obtenidas por los esclavistas se vieron sometidas a un imponente desafío después de la victoria de
los Estados Unidos sobre México. De los territorios anexionados,
California deseaba ser un estado libre, el decimosexto frente a tan
sólo quince esclavistas, y el resto tenía la intención de prohibir en
sus constituciones la esclavitud. La única posibilidad de igualar
nuevamente el número de estados era que Texas aceptara la des-
membración, pero sus habitantes rechazaban tal posibilidad. En
medio de este clima, algunos sureños como William Lowndes
Yancey, de Alabama, abogaron claramente por la secesión.

Al final, se llegó a un acuerdo, el Compromiso de 1850, que
permitió que los estados sureños aceptaran que California fuera
un estado libre. Sin embargo, las contraprestaciones no fueron
escasas. De entrada, la esclavitud no se prohibiría de manera pre-
via en el resto de los territorios arrebatados a México. Además, el
tercio noroccidental de Texas sería desgajado para poder formar

estados esclavistas y en compensación Estados Unidos pagaría las deudas que hubiera contraído durante su existencia como nación independiente. Por si fuera poco, el Congreso no interferiría en el comercio interestatal de esclavos y adoptaría medidas más eficaces para el retorno de esclavos fugitivos. Como contraprestación simbólica, se prohibió el comercio de esclavos en el distrito de Columbia, ya que a no pocos congresistas les repugnaba ver semejante actividad cerca del Capitolio. Sin embargo, la esclavitud misma siguió siendo legal.

LA LEY DEL ESCLAVO FUGITIVO[12]

El 9 de septiembre de 1850, California entró en la Unión como trigésimo primer estado y décimo de los libres. Texas renunció ese mismo día a sus reclamaciones en el noroeste, pero seguía siendo el estado mayor de la Unión, seguido inmediatamente por California. Nueve días después fue aprobada la denominada ley del esclavo fugitivo.

El texto fue un éxito clamoroso de los esclavistas, ya que valiéndose del mismo cualquier negro podía ser reclamado como esclavo en virtud únicamente de una declaración jurada del supuesto dueño o de su representante. El negro, por el contrario, no podía prestar testimonio y se veía privado del juicio por jurado.

Para cumplir la ley se nombraron comisionados especiales que podían firmar órdenes de arresto de los esclavos fugitivos y diligencias para que fueran devueltos a sus amos. Los comisionados estaban provistos de respaldo federal y podían exigir la cooperación de la policía local e imponer multas hasta una cuantía de mil dólares a aquellos que ayudasen a huir a los negros o no prestaran su colaboración para el arresto.

La norma, aparte del juicio moral que pudiera ocasionar, incluía en su texto la semilla de la corrupción, ya que los comisionados cobraban diez dólares por cada certificado de devolución que otorgaban, pero sólo cinco si lo denegaban.

La reacción de los estados esclavistas al promulgarse la ley fue de verdadero entusiasmo, hasta el punto de que la idea de la secesión se vio momentáneamente descartada. De hecho, en las elecciones de 1851, los secesionistas fueron derrotados en favor de candidaturas esclavistas más moderadas. La nueva ley, en la práctica, perjudicó considerablemente a los estados sureños. El denominado «ferrocarril subterráneo»[13] y otras organizaciones que se esforzaban por liberar esclavos negros no causaban un gran daño a la economía esclavista y podría haberse aceptado su acción como una pérdida pequeña. La ley del esclavo fugitivo no acabó con el esfuerzo humanitario de estas organizaciones y además sembró en los estados del Norte sentimientos muy negativos hacia los esclavistas. A partir de ahora, la imagen de comisionados que perseguían en territorio libre a negros a los que no se permitía siquiera defenderse verbalmente creó una animadversión hacia los sureños incluso entre gente que no había sido hasta ese momento antiesclavista. Como ha sucedido ocasionalmente en relación con otros fenómenos históricos, la ley acabó teniendo un efecto negativo para los beneficiados por ella. De hecho, es posible que creara más abolicionistas que ningún otro acontecimiento anterior.

Para remate, algunos estados aprobaron normas cuya finalidad era impedir la aplicación de la ley del esclavo fugitivo, con lo que proporcionaron una cobertura legal a los que ayudaban a escaparse a los esclavos.

Finalmente, la ley del esclavo fugitivo acabó provocando incluso una reacción literaria que también se volvería en contra de la esclavitud. Ésta fue la aparición de una novela titulada *La cabaña del tío Tom*[14] *o la vida entre los humildes*, debida a la pluma de Harriet Elizabeth Beecher Stowe. En su época constituyó un verdadero éxito, trescientos mil ejemplares vendidos en un año, pero, sobre todo, movilizó a buena parte de la opinión pública en contra de la ley del esclavo fugitivo.

La novela ha sido objeto de enormes críticas con el paso de los años. Para muchos de sus contemporáneos, no pasó de ser un panfleto que demostraba el desconocimiento absoluto que la autora tenía de la vida de los esclavos. Incluso en el siglo XX, numerosos activistas negros se han burlado de su contenido motejando con el nombre de «tío Tom» a la gente de color que no asumía sus planteamientos agresivos. Sin embargo, lo cierto es que el libro sí se basaba en episodios reales, como el de la esclava Eliza que huía a través de un río helado, que habían sido tomados directamente de las experiencias del ferrocarril de la libertad y, aunque en la actualidad puede parecer un tanto sentimental, no dejaba de reflejar realidades que muchos, especialmente en los estados del Sur, no deseaban ver. Lamentablemente, la esclavitud siguió pesando durante los años venideros sobre la vida de los Estados Unidos y acabaría adquiriendo tintes cruentos. De la resolución de semejante conflicto moral sería responsable un hombre de fe profunda llamado Abraham Lincoln.

CAPÍTULO 2

UN HOMBRE LLAMADO
ABRAHAM LINCOLN

DE FAMILIAS SIN DISTINCIÓN ALGUNA

La trayectoria de la familia de Lincoln se correspondía enormemente con la que había experimentado en su conjunto la joven nación americana. Un antepasado de Lincoln había llegado en 1637 a Massachusetts procedente de Inglaterra. Era cuáquero y buscaba libertad de culto en una época en la que la metrópoli estaba a punto de verse desgarrada por las luchas entabladas entre el absolutismo, fundamentalmente anglicano, y el parlamentarismo sustentado en buena medida en los disidentes religiosos.

Los Lincoln no permanecieron ni en Massachusetts ni en el cuaquerismo. En períodos sucesivos, se trasladaron a Pennsylvania, a Virginia y a Kentucky, donde el abuelo de Abraham Lincoln fue asesinado por un piel roja. El padre del futuro presidente se llamaba Thomas y en 1806 contrajo matrimonio con una muchacha llamada Nancy Hanks, que vivía en el condado de Washington, Kentucky. Thomas fue un hombre muy laborioso que, seguramente, creyó en la posibilidad de progresar socialmente si se trabajaba sin descanso. Carpintero y agricultor, pudo comprar tierras.

Espiritualmente, Thomas Lincoln era bautista, pero en 1816 se sumó a una escisión de la iglesia de la que era miembro cuyo origen se hallaba en un agitado debate sobre la esclavitud. Comenzó así a congregarse con un grupo de bautistas profundamente antiesclavistas que insistían en que su única norma de fe y conducta se hallaba en la Biblia y no en credos o tradiciones eclesiales.

La madre no sabía leer ni escribir, pero era una mujer piadosa y trabajadora que debió ejercer no poca influencia en el futuro presidente. De hecho, oraba con sus hijos y les recitaba versículos de la Biblia que había aprendido de memoria. Poseía una fe profunda que veía en cualquier situación, sin excluir las desgracias más terribles, un propósito desconocido de Dios. Tanto Thomas como Nancy procedían «de familias sin distinción alguna»,[1] según expresión del propio Abraham Lincoln.

Abraham nació el 12 de febrero de 1809. Recibió su nombre a causa de su abuelo y vio la primera luz en una casita de troncos ubicada en Kentucky, en la bifurcación sureña del arroyo Nolin. Su primer recuerdo sería la imagen de su padre trabajando en el campo cerca del arroyo Knob, algunas millas al norte del Nolin, y al que seguía arrojando semillas de calabaza entre los montecitos de maíz.

Segundo hijo de una familia de tres, de su hermano menor recordaría que había muerto de una dolencia desconocida y que lo habían enterrado en una modesta tumba que podía verse desde la cabaña. Por lo que se refería a Sarah, la hermana mayor que le llevaba dos años, siempre se sentiría unido a ella. Cogido de su mano caminó durante el invierno de 1815 y 1816 atravesando bosques y arroyos para llegar a una escuela rural cuya sede se encontraba en Cumberland Road. En este lugar tan humilde aprendió el pequeño, al que la familia llamaba cariñosamente con el diminutivo de Abe, a leer con un maestro católico de cincuenta y dos años.

Cuando llegó el otoño, Thomas anunció a la familia que iban a trasladarse al territorio libre de Indiana. La causa de la mudanza parecía ser una combinación de problemas con los títulos de propiedad de las tierras y con su posición antiesclavista. En diciembre de 1816, tras cruzar el río Ohio, la familia Lincoln llegó a Indiana. Ese mismo mes, el citado territorio se convirtió en un estado de la Unión.

Los Lincoln iban a vivir en la zona del arroyo Little Pigeon, un territorio boscoso situado a treinta y tantos kilómetros al noroeste de Troy y del Ohio. Mientras escuchaban los aullidos de los lobos y contemplaban la zona cubierta por una maleza tan espesa que para poder viajar por ella había que valerse de un hacha, los Lincoln levantaron un cuarto de tres muros a la espera de poder construir una casa. En el chamizo pasarían el primer invierno en Indiana, calentándose envueltos en pieles y pegados a una hoguera. La situación cambió en febrero, al poco de cumplir Abe los ocho años, cuando la familia se trasladó a una cabaña de troncos con piso de tierra y chimenea.

Cuando llegó la primavera, Abe estuvo talando árboles y cortando leña, empujando el arado y llevando el grano al molino que había en Troy.

En 1817, a los Lincoln se sumaron Thomas y Elizabeth Sparrow, unos parientes de Nancy, así como Dennis Hank, un hijo ilegítimo de una tía de la madre de Lincoln. Hank sentía una simpatía por Nancy seguramente sólo equiparable con la antipatía que le inspiraba Thomas Lincoln. Fuera como fuese, trabó amistad con Sarah y Abe, con los que acostumbraría a cantar himnos religiosos.

Al verano siguiente, la región padeció una epidemia del denominado «mal de la leche». El efecto de la extraña dolencia sobre numerosos colonos fue terrible. Los Sparrow murieron y no mucho después fueron seguidos por Nancy, que tan sólo tenía a la sazón treinta y cuatro años de edad. Su cadáver tuvo que reposar en la habitación que la familia utilizaba para comer y dormir mientras Thomas preparaba un ataúd de cerezo negro. El entierro tuvo lugar en lo alto de una colina azotada por el viento.

Tras la muerte de Nancy, Dennis Hanks se fue a vivir con la familia Lincoln. Por aquel entonces, las tareas domésticas habían pasado a ser la responsabilidad de Sarah, que tan sólo tenía doce años. La niña apenas podía dar abasto a una vida cargada de labores desde antes de la puesta del sol hasta después del ocaso y, al parecer, una sensación de profundo pesar se fue apoderando de la casa. Para colmo de males, en 1819 un caballo pateó a Abe en la cabeza y, tal y como él lo referiría más tarde, «lo mató por un tiempo».[2] Ese mismo año, el padre de familia abandonó la casa familiar para realizar un viaje a Kentucky. Cuando regresó al cabo de un par meses lo hizo casado por segunda vez con una viuda llamada Sarah Bush Johnston a la que acompañaban sus tres hijos.

Sarah, denominada familiarmente Sally, había sido la mujer del carcelero de Elizabethtown. Thomas había asumido las deudas que la agobiaban y se había casado con ella. Durante los siguientes años se comportó como si fuera realmente la madre de Abe y Sarah, hasta el punto de que el primero siempre la recordaría en términos profundamente afectuosos.

En torno a 1820, Thomas, que era admirado por sus habilidades como carpintero, recibió una propuesta de los bautistas de la zona para que vigilara la construcción de un salón de reuniones en el territorio de una granja vecina. Thomas aceptó el encargo y, una vez concluido el edificio, Thomas y Sally se unieron a la iglesia bautista de Pigeon Creek. Gracias a la influencia de su padre, Abe obtuvo el trabajo de ujier de la iglesia encargado de mantener el lugar limpio. Se trataba de una congregación antiesclavista y parece ser que ya por esa época Abraham sentía hacia la esclavitud la misma repulsión que experimentaba su padre. Sin embargo, nunca se unió formalmente a la iglesia, que exigía como requisito formal de entrada el bautismo tras una proclamación o confesión de fe realizada por el converso.

En medio·de unas circunstancias de vida tan difíciles, causa admiración que el muchacho se sintiera atraído por la poesía, gustara de realizar ejercicios de caligrafía para mejorar su letra y se entregara en horas libres a leer el *Robinson Crusoe* de Defoe, la *Gramática* de Dilworth, *La vida de Washington* de Parson Weem y, muy especialmente, la Biblia. Este libro concreto estaba llamado a impregnar infinidad de aspectos de su existencia, a lo largo de la cual podría citar versículos y versículos con la firmeza y la exactitud que sólo proporciona la familiaridad.

En ese contexto, Abe, que con dieciséis años de edad ya medía más de uno ochenta de estatura y provocaba las burlas de las muchachas, se fue convirtiendo en un muchacho que experimentaba altibajos en su carácter y lo mismo podía ser gracioso e ingenioso que introvertido y triste. Fue también esa una época en la que Abe se sintió muy distanciado de su padre, que, según algunas versiones, habría visto con malos ojos el tiempo que dedicaba a leer y, por el contrario, el joven Líncoln habría encontrado un aliado en Sally que incluso se ocupaba de procurarle libros.

Cuando tenía diecisiete años, Abe abandonó la casa de la familia para trabajar en un transbordador en la confluencia de los ríos Anderson y Ohio. Dos años después su hermana Sarah, casada con Aaron Grigsby, un hombre que nunca simpatizó con Abe, murió de parto.

En abril de 1828, Lincoln suscribió un contrato con James Gentry para llevar una balsa cargada de productos agrícolas hasta Nueva Orleans. La actividad proporcionaría a Abe la posibilidad de alejarse de Indiana y de paso de los recuerdos de la pérdida de su hermana. Se trató de una travesía de más de dos mil kilómetros no exenta de riesgos. Por ejemplo, Abe y Allen Gentry, uno de los hijos de James que le acompañaba, fueron atacados por siete esclavos negros procedentes de una embarcación cuando atracaron en Baton Rouge. Los dos jóvenes lograron repeler a los agresores e inmediatamente emprendieron la huida.

La llegada a Nueva Orleans provocó una enorme impresión en los dos adolescentes. Tras vender su carga se quedaron maravillados ante los edificios del barrio francés, los muelles llenos de mercancías y los mercados de esclavos. Tres meses después, Lincoln y su acompañante llegaron a casa. Abe entregó inmediatamente a su padre los veinticinco dólares que había ganado en aquel viaje.

Durante esa época, Lincoln comenzó a visitar los tribunales de Rockport y Boonville, que celebraban sus sesiones en casas construidas con troncos. La experiencia causó una enorme impresión en Abe, que consiguió que le prestaran los Estatutos revisados de Indiana para leerlos y también estudió la Declaración de Independencia y la Constitución que eran citadas con frecuencia por los abogados en el curso de los pleitos.

En marzo de 1830, Thomas Lincoln decidió vender la granja y dirigirse hacia Illinois en el oeste. La razón para aquel cambio derivaba de las noticias que le había hecho llegar John Hanks, un pariente de Nancy que ya se había establecido en aquel territorio. Abe había cumplido a la sazón veintiún años y, siendo mayor de edad, podría haberse quedado con el dinero que ganaba y no haber seguido a su padre. Sin embargo, decidió acompañar a su familia.

La familia Lincoln se estableció en una pradera ubicada en el centro de Illinois a unos quince kilómetros al oeste de Decatur.

Una vez más, Abe ayudó a levantar la casa, a limpiar el terreno y a sembrar maíz. Aquel otoño todos los Lincoln cayeron enfermos con calenturas, un tipo de fiebre palúdica. Para colmo, con la llegada del invierno se produjo un descenso inmenso de la temperatura que fue conocido como «la nieve profunda». La nieve, la helada y el viento causaron la muerte de los animales domésticos, pero, en medio de tan destempladas circunstancias, Abe comenzó a pensar junto a John Hanks y John Johnston, uno de los hijos de Sally, en alguna manera de ganar dinero. Así decidieron trabajar para un tal Denton Offutt, que les pagaría por llevar otra balsa con mercancías hasta Nueva Orleans. Esta vez, el viaje no resultó tan sugestivo como la primera y así, con veintidós años, Lincoln se encontró con que no tenía amigos, ni educación, ni dinero, aunque sí la firme resolución de labrarse un porvenir.

UN HOMBRE HECHO A SÍ MISMO

La localidad a la que llegó Abe Lincoln se llamaba New Salem y tenía un centenar de habitantes, además de un par de tiendas de ultramarinos, dos salones y una taberna. Allí se enfrentaría el muchacho con tres sensaciones que no había conocido hasta entonces: la violencia, el alcohol y el enamoramiento.

Si Abe contempló la violencia con aprensión desde el principio, su repugnancia por el alcohol nació de ver lo que éste podía ocasionar en las personas. A diferencia de muchos de sus contemporáneos, Abe sentía compasión por los borrachos, a quienes veía como enfermos a los que la bebida había destrozado a pesar de que no pocos eran personas inteligentes y buenas. Finalmente, Lincoln descubrió que provocaba más burlas que atracción entre las muchachas.

La violencia, el alcohol o un amor frustrado pueden convertir a un adolescente en un hombre resentido. Sin embargo, en el caso de Abe sólo sirvieron para impulsarlo a cambiar de vida. De repente, fue consciente de que carecía de educación y de que mientras esa circunstancia se mantuviera en su existencia no tendría posibilidades de progresar en la vida y ser alguien.

Durante el primer invierno en New Salem, Abe se entregó a un plan estricto de superación personal que incluyó la asistencia a la sociedad local de debates, la lectura del Orador de Columbia, el estudio de las matemáticas y de la gramática, y las discusiones de poesía con el herrero del pueblo. La persona que lo ayudó de manera sobresaliente en sus buenos propósitos fue un bautista de la localidad, un maestro local que se llamaba Mentor Graham. Con él, Lincoln aprendió gramática, matemáticas e historia y, por añadidura, se entregó a discusiones sobre lo que debía o no debía hacer para llegar a ser alguien digno en esta vida.

A pesar de todo, si Graham intentó integrar a Lincoln en su denominación, fracasó. Al muchacho le desagradaba profundamente el enfrentamiento entre las distintas iglesias y, muy especialmente, la manera en que consideraban negativamente a los miembros ajenos. Sin embargo, a pesar de todo, distó mucho de convertirse en un ateo, un deísta o un librepensador, como se ha repetido en ocasiones. De hecho, en 1941 se descubrió un manuscrito del propio Lincoln en el que negaba ser un «infiel» y donde sostenía una especie de cristianismo no confesional emanado más directamente de la lectura de la Biblia.[3] Un testimonio derivado de su maestro de aquellos tiempos, Mentor Graham, apunta en la misma dirección e incluso señala que Lincoln creía en que el pecado del género humano había sido redimido «por la expiación de Cristo»,[4] una de las doctrinas esenciales de la fe cristiana.

Fue en esa misma época en que el voluntarioso muchacho dejó poco a poco de ser un ignorante para permitir que la cultura lo puliera cuando, por primera vez, sintió interés por la política. De hecho, Lincoln decidió presentarse como candidato a la legislatura del estado y, el 15 de marzo de 1832, su programa electoral apareció publicado en el *Sangamo Journal*.

Lincoln abogaba por la utilización del río con fines de transporte; defendía la reducción de las tasas de interés y la necesidad de un sistema educativo que alcanzara a todos los ciudadanos y les permitiera conocer la Historia nacional y universal, «*leer las Escrituras y otras obras*»[5] y apreciar el valor de las instituciones democráticas. Con el tiempo, Lincoln acabaría siendo elegido para el congreso de su estado.

Durante los meses siguientes, Lincoln participó en la guerra contra el indio Halcón Negro —un episodio que describió no sin cierto sentido del humor— y, sobre todo, trabajó mucho. Lo hizo como dependiente en una tienda y como administrador de correos en New Salem, como peón y como ayudante de topógrafo. No podía decirse que careciera de laboriosidad ni de empuje, pero en 1834 los pleitos por deudas impagadas comenzaron a caer sobre él como un diluvio y los acreedores se fueron apoderando de su caballo y sus instrumentos topográficos. Lo hubiera pasado mal de no ser porque en la subasta de sus bienes un granjero llamado Jimmy Short los adquirió y luego se los devolvió. Había gente que confiaba en él como persona honrada y en aquel momento no dudaron en demostrarlo. Sin embargo, sus cuitas no habían concluido. En enero de 1835, Berry, su antiguo socio, falleció, de manera que Lincoln se convirtió en el único responsable del resto de las deudas, que ascendían a mil cien dólares. Hubiera tenido la posibilidad de marcharse del condado para eludir la obligación, un recurso, al parecer, bastante común, pero prefirió asegurar a sus acreedores que les pagaría le costara lo que le costara. Hizo honor a su palabra y durante la siguiente década y media cubrió finalmente todas sus deudas. Para cuando concluyó el pago era de conocimiento público que se podía confiar en él a causa de su honradez.

EL JOVEN POLÍTICO

Fue precisamente en esa época cuando Lincoln, ya elegido para el congreso de su estado, concibió su propósito de convertirse en

abogado. Tuvo que pedir prestados los libros al bufete Stuart &
Drummond y dinero a un amigo para comprarse un traje, pero
cuando en diciembre llegó a Vandalia, la capital de Illinois, estaba decidido a progresar como profesional y político.

Durante aquel invierno, Lincoln trabajó mucho y observó
más, pero habló escasamente. Mientras observaba con interés
las maniobras políticas propias de un parlamento, sirvió en una
docena de comisiones, lo que no era habitual en un legislador
sin experiencia, y votó a favor del establecimiento de un banco
central en Springfield que pudiera servir al Estado. Sin embargo,
destacó especialmente por su dominio de la lengua escrita que le
permitió redactar numerosos proyectos de ley para otros miembros del partido whig que no tenían su habilidad escribiendo.

En febrero de 1835 concluyó la sesión y Lincoln regresó a
caballo a New Salem, donde aprovechó el letargo invernal para
comenzar sus estudios de Derecho. Así fue leyendo a autores
como Blackstone, Greenleaf, Chitty o Story, intentando comprender enjundiosos argumentos legales. Precisamente en esa época
se planteó su inclusión en alguna denominación concreta.

Aunque, como ya vimos, su familia más cercana había estado
relacionada con distintas iglesias bautistas, Lincoln no consin-
tió, finalmente, en formar parte de ninguna comunidad religiosa
establecida. Le causaba mucha desazón el elevado grado de emo-
cionalismo que acompañaba a ciertos grupos religiosos y todavía
más su tendencia a enfrentarse por lo que Lincoln consideraba

cuestiones nimias. A pesar de todo, distaba mucho de ser escéptico o descreído. Creía firmemente en un Dios que controlaba las mentes, que tenía un propósito para los seres humanos —un punto que le separaba obviamente de los teístas como Thomas Jefferson— y que imponía Su voluntad. La reflexión apasionada sobre estas cuestiones y el temor a no encontrar sentido a su existencia ni respuesta a interrogantes esenciales provocaban en Lincoln frecuentes estados de lo que él denominaba hipocondría y nosotros llamaríamos depresión. Muy posiblemente, esa actitud de interrogación y melancolía se agudizó todavía más cuando en agosto de 1835 supo que Ann Rutledge, una muchacha de la que había estado enamorado tiempo atrás, había muerto de la denominada fiebre del cerebro. Tenía tan sólo veintidós años y se había convertido en una muestra palpable de hasta qué punto la muerte podía alcanzar a una persona en cualquier momento.

El estudio de las leyes y la reflexión sobre temas espirituales vinieron vinculados en aquella época con una delimitación del pensamiento político de Lincoln. Aunque a la sazón su área de acción era claramente local, la visión del joven Lincoln era abiertamente nacional. Creía en un poder central fuerte que respondiera ante el pueblo y que buscara crear un marco económico de orden y estabilidad donde existiera la posibilidad de progresar para todos. El gobierno debería, por lo tanto, intervenir, pero sólo en aquellas áreas en las que la gente no podía conseguir algo «mediante el esfuerzo individual».[6] Por aquella época, Lincoln ya consideraba que la Declaración de Independencia era un documento donde se contenían las verdades políticas más importantes reflejadas en texto alguno de esa naturaleza. Así, se indicaba que todos los hombres son creados iguales y que todos tienen derecho a la vida, a la libertad y a la búsqueda de la felicidad. Semejantes afirmaciones se traducían en la firme confianza de que todos tenían el derecho de promocionarse y progresar en esta vida valiéndose de su trabajo y de su talento y no tenían por qué permanecer encadenados a la situación que habían conocido al nacer. Él mismo, no sin razón, se consideraba un ejemplo de la aplicación de ese principio y estaba dispuesto a avanzar en esa misma dirección. Esto explica también que, en relación con el derecho de voto, Lincoln estuviera a favor de su concesión a todos los que pagaran impuestos y trabajaran y que tal visión incluyera a las mujeres.

En 1836, Lincoln fue reelegido en las elecciones legislativas y además el tribunal del condado de Sangamon lo registró como hombre de buen carácter moral, un requisito previo para pasar el examen que le permitiría ejercer como abogado. Superó la prueba sin dificultad y el 9 de septiembre de aquel mismo año obtuvo la licencia para ejercer.

Aquel mes de diciembre de 1836, el gobernador de Illinois recibió escritos de distintos estados sureños en los que se expresaban protestas por las acciones de los movimientos abolicionistas y se instaba a las autoridades para que acabaran con ellos. De hecho, en enero de 1837 se aprobaron una serie de resoluciones en las que se afirmaba que los abolicionistas eran un peligro, se defendía el derecho de tener esclavos negros y se insistía en que la esclavitud era una institución cuya regulación quedaba en manos de los diferentes estados y no del poder federal.

Lincoln, que a la sazón tenía veintiocho años, fue uno de los escasos políticos que votó en contra de estas resoluciones, dejando por primera vez constancia en su carrera política de cuál era su posición acerca de la esclavitud. Así, en unión con Dan Stone, otro whig del condado de Sangamon, preparó una protesta oficial contra la esclavitud y ambos la hicieron registrar en el diario de la cámara de 3 de marzo de 1837. En el texto indicaban que la esclavitud era una institución inicua e injusta, un punto de vista que Lincoln sostenía desde la infancia, aunque, al mismo tiempo, señalaban que la actitud de los abolicionistas sólo servía para empeorar la situación y reconocían que el Congreso no tenía autoridad constitucional para regular la cuestión.

EL ABOGADO LINCOLN

Apenas hubo Lincoln pasado el examen para poder ejercer la abogacía, un tal Stuart le invitó a entrar en su bufete. Lincoln aceptó y en abril de 1837 abandonó definitivamente su domicilio en New Salem y se trasladó a Springfield. La decisión no pudo ser más acertada porque antes de que pasara un trienio New Salem se había convertido en un pueblo fantasma.

Durante los años siguientes, Lincoln ejerció la abogacía, a la vez que era reelegido en 1838 y, de nuevo, en 1840. Sin embargo, su carrera como legislador caminaba hacia la conclusión y para entonces, marzo de 1841, Lincoln distaba mucho de sentirse satisfecho con los resultados obtenidos en su labor. El estado no había podido saldar su deuda pública; se había disuelto el banco estatal que tantas ilusiones había provocado en Lincoln y se había procedido a la cancelación de las obras públicas no terminadas. Para colmo, Stuart y él habían estado involucrados considerablemente en la lucha política y resultaba obvio que no podían seguir manteniendo el bufete. Finalmente, optó por cambiar de socio y escogió para este menester a Stephen T. Logan, un compañero suyo del partido whig. Logan tenía experiencia como abogado e incluso había servido como juez durante un par de años. La elección resultó, por lo tanto, óptima, porque en poco tiempo ambos abogados lograron el práctico monopolio en el Tribunal Supremo de Illinois.

A pesar de todo, Lincoln seguía padeciendo ataques de hipocondría por problemas personales y por la falta de éxito político. Para enfrentarse con tan dolorosa situación, adoptó la resolución de leer la Biblia con regularidad en la convicción de que era «la mejor cura para la Melancolía».[7] El remedio, sin duda, surtió efecto. De hecho, Lincoln mejoró y en agosto de 1841 incluso aceptó tomarse unas vacaciones. Decidió pasarlas en compañía de su amigo Joshua Speed en la plantación que sus padres poseían en Kentucky. El contacto con Speed ayudó considerablemente a Lincoln. Con todo, no abandonó la lectura de la Palabra sino que continuó aferrado a ella. Sería un hábito que conservaría a lo largo de su vida, que aumentaría incluso en épocas muy concretas y que explica, por ejemplo, su profundo conocimiento del texto sagrado y su capacidad para citarlo de manera fácil y adecuada.

Curiosamente, uno de los episodios que contribuyó a elevar la moral de Lincoln en esa época estuvo relacionado con la esclavitud. Mientras regresaba por barco a Springfield en compañía de Speed, Lincoln observó a una docena de esclavos que, encadenados, eran transportados a Kentucky separados de sus familias y de sus seres queridos. Sin duda, se trataba de una suerte nada envidiable, pero los desdichados no parecían sentirse especialmente apenados. Uno de ellos tocaba el violín y los demás cantaban y danzaban al son de la música o jugaban a las cartas. Al examinar aquella conducta, y a pesar de que la esclavitud le hacía sentirse muy mal, Lincoln reflexionó que Dios en Su misericordia puede convertir en llevadera una situación difícil. Se trataba de una razón de más para que él desechara la hipocondría que tanto le apenaba.

De esta manera, Lincoln recuperó poco a poco el ánimo y experimentó aún una alegría mayor cuando llegó el verano de 1842. Esta vez no lo dudó más y pidió a una joven llamada Mary Todd que se casara con él. Fijaron la fecha de la boda para el 4 de noviembre de ese mismo año y, efectivamente, en ese día se celebró. La noche del evento, mientras diluviaba en el exterior, contrajeron matrimonio ante un pastor episcopaliano. Concluida la ceremonia, la pareja se dirigió bajo una lluvia muy intensa a la taberna Globe, donde Lincoln había alquilado una habitación para ambos.

La vida del matrimonio no resultó en sus primeros tiempos nada fácil. Lincoln aún tenía deudas de su época en New Salem, de manera que la pareja pasó su primer año en la taberna Globe. El 1 de agosto de 1843, en una habitación del citado establecimiento, nació un hijo al que pusieron el nombre de Robert Todd en honor del padre de Mary.

Dos años después, la pareja tuvo otro niño, al que llamaron Edward en honor de un amigo de Lincoln, llamado Edward Baker. A mediados de los años cuarenta, Lincoln estaba ya ganando mil quinientos dólares al año, lo que constituía unos ingresos considerables para la fecha. Sin embargo, su esposa seguía teniendo problemas para adaptarse a una forma de vida que era más modesta de la que había conocido antes de casarse. No había sido educada para llevar una casa, sino para dar órdenes a criadas que se encargaran de esos menesteres, y hasta que Lincoln no pudo pagar a una mujer para que la ayudara Mary Todd se sintió agobiada por las tareas domésticas.

Sin embargo, en términos generales, el suyo parece haber sido un matrimonio muy bien avenido. Lincoln gustaba de juguetear con los niños y no pocas veces consideraba que su esposa era una especie de criatura grande a la que había que amar y proteger por encima de cualquier otra consideración. Por lo que se refería a Mary Todd, lo cierto es que podía llegar a ser muy tierna con Lincoln, una cualidad que éste apreciaba. En cierta ocasión resumió su visión de Lincoln diciendo que para ella era «amante... marido... padre, *todo*».[8] Al fin y a la postre, los familiares de Mary acabaron descubriendo que, contra lo que hubieran deseado, el matrimonio se llevaba bien y que ninguno de los dos cónyuges se permitía descalificar al otro o señalar motivos de queja. Los Todd nunca llegaron a aceptar a Lincoln y mucho menos a apoyarlo políticamente pero, de manera formal, acabaron por aprobar aquel matrimonio que tan poco les agradaba.

EN EL CONGRESO

Retirado de la política estatal, Lincoln comenzó a dirigir su mirada hacia actividades de repercusión nacional. Así, en la primavera de 1843, había comenzado a acariciar la idea de presentarse a las elecciones para el Congreso de Estados Unidos. Sin embargo, sólo en mayo de 1846, logró que la convención del partido reunida en Petersburg lo nominara por aclamación. A partir de ese momento, Lincoln se dedicó a enfrentarse con su oponente demócrata, un pastor metodista llamado Peter Cartwright. En el curso de la campaña precisamente se produjo el estallido de la guerra con México por la cuestión de los límites de Texas.

Cartwright era un candidato tan lamentable que el propio partido demócrata decidió no apoyarlo más y dejar el triunfo en manos de Lincoln. A pesar de todo, durante la campaña el pastor había acusado a su rival de descreído y Lincoln se sintió en la obligación de darle una respuesta cabal. El resultado fue una carta abierta dirigida a los votantes del séptimo distrito del Congreso con fecha 31 de julio de 1846. En este documento, Lincoln afirmaba taxativamente:

> Que no soy miembro de ninguna iglesia cristiana, es verdad; pero nunca he negado la verdad de las Escrituras; y nunca he hablado con falta de respeto hacia la religión en general o hacia cualquier denominación de cristianos en particular.[9]

Aún más, afirmaba, nunca apoyaría para un puesto público a alguien que fuera ateo, ya que nadie tenía derecho a herir los sentimientos y la moral de la comunidad.

El 3 de agosto de 1846, Lincoln obtuvo la victoria en ocho de los once condados con 6.340 votos, contra 4.829 de su rival. Se trataba de una mayoría sin precedentes.

La nueva legislatura no se iniciaría hasta el 6 de diciembre de 1847, de manera que Lincoln se vio obligado a esperar un año antes de presentarse en la Cámara. En ese ínterin, la guerra con México entró en su segundo año y comenzaron a escucharse voces críticas sobre el desarrollo de los acontecimientos.

La posición de los whigs hacia el presidente Polk era por añadidura totalmente negativa, ya que consideraban que toda la guerra con México había venido motivada únicamente por unas ambiciones territoriales carentes de justificación moral. En su opinión, debían insistir en este tipo de acusación de tal manera que quedara allanado el camino hacia las elecciones presidenciales de 1848 y pudiera llegar un candidato whig a la Casa Blanca. Si ésa era la posición del partido whig a finales de 1847, lo era también de Lincoln.

Finalmente, el 2 de diciembre los Lincoln llegaron a Washington, que a la sazón tenía treinta y cuatro mil habitantes de los que algunos miles eran esclavos. El matrimonio no tardó en sentirse incómodo en la capital. Mary Todd recordó sus primeros días de estrechez en la taberna Globe, pero sobre todo se encontraba mal en un lugar donde era costumbre que los políticos visitaran con habitualidad prostíbulos y tabernas mientras abandonaban a sus esposas en casa. Al cabo de tres meses de esta tensión, Mary Todd hizo las maletas y se marchó con sus hijos a Kentucky, dejando a Lincoln solo en la capital.

Como congresista, Lincoln revalidó su fama de persona seria y responsable. No faltó apenas a ninguna sesión y desempeñó con diligencia su papel en distintas comisiones y votaciones. Sin embargo, su cometido más importante fue el de manifestarse en contra de la guerra con México. Así, el 22 de diciembre Lincoln formuló una serie de preguntas a fin de que la presidencia aclarara dónde se había producido el incidente armado que, teóricamente, legitimaba la guerra. Polk no respondió y el 12 de enero de 1848

Lincoln insistió en sus cuestiones ampliándolas. Así señaló que, aunque los mexicanos hubieran abierto fuego realmente contra tropas americanas en la región del río Grande, semejante episodio no podía justificar un conflicto armado. De hecho, el territorio era una zona en litigio entre Texas y México.

Polk, como era de esperar, no respondió al discurso de Lincoln y dejó que fueran los partidarios más feroces de la anexión, los demócratas del Sur, los que contestaran al congresista whig con intervenciones teñidas por el desprecio. De manera paradójica, no hubo ningún whig que se levantara para defender a Lincoln. En cualquier caso, a esas alturas, la situación internacional podía darse por zanjada. Dos semanas más tarde llegó a la capital el texto del tratado de paz suscrito con México, un tratado que el Senado ratificó.[10]

El éxito que había obtenido la que sería conocida como «guerra del señor Polk» tuvo un efecto totalmente negativo sobre la posición de Lincoln. Mientras sus adversarios demócratas y los medios afines lo tachaban de traidor, sus propios compañeros de partido se sintieron considerablemente incómodos con sus alegaciones. A fin de cuentas, la posición de Lincoln sólo podía servir para que los demócratas les arrebataran escaños en las próximas elecciones.

Sin embargo, Lincoln veía la situación de una manera muy distinta. Si había atacado al presidente no se había debido, como en el caso de sus compañeros whigs, a razones meramente partidistas que deseaban debilitar la posición del ejecutivo. Había actuado de la manera que lo había hecho simplemente por motivos de conciencia. Había tenido que elegir entre la verdad o la mentira y había optado por la primera. Por añadidura, Lincoln consideraba que no se podía tolerar que un presidente iniciara una guerra por su propia voluntad.

En enero de 1849, Lincoln informó a la cámara de que iba a presentar un proyecto de ley encaminado a abolir la esclavitud en el distrito de Columbia de acuerdo a los principios de gradualidad y compensación que siempre había defendido. De acuerdo con este proyecto, se emanciparía a todos los niños esclavos que hubiera en el distrito nacidos con posterioridad al 1 de enero de 1850, compensando a sus dueños.

Aquel proyecto nunca llegó a ser presentado, lo que, históricamente, ha dado lugar a no pocas especulaciones. La razón fundamental puede haber sido simplemente la imposibilidad de que triunfara en la cámara. Por supuesto, los sureños habrían votado en contra, pero también ése hubiera sido el comportamiento de los whigs moderados y conservadores temerosos de una reacción. Al fin y a la postre, el Congreso concluyó su período de sesiones en las primeras horas de la mañana del domingo 4 de marzo de 1849 sin haber decidido la controversia en un sentido u otro. Ni los sureños habían logrado extender la esclavitud ni los antiesclavistas que se proporcionara algún tipo de gobierno territorial y libre a California y Nuevo México. Sin embargo, Lincoln no se engañaba sobre la verdadera situación que subyacía en aquel debate. Estaba convencido de que la esclavitud tenía poder suficiente para envenenar de manera fatal la vida de la nación y acabar provocando el derramamiento de sangre.

CAPÍTULO 3

EL CANDIDATO
LINCOLN

«ESTOY CONVENCIDO DE LA VERDAD DE LA RELIGIÓN CRISTIANA»

Los sinsabores que había sufrido en los últimos tiempos llevaron a Lincoln a retirarse de la política y volverse hacia su trabajo de abogado. Buscaba un poco de serenidad para poder reflexionar sobre lo que tenía que hacer en el futuro. Sin embargo, a finales de 1849, su hijo Eddie cayó gravemente enfermo.

Comenzaba así una larga agonía que se prolongó durante dos meses en el curso de los cuales Lincoln y Mary se turnaron día y noche al lado del lecho de la criatura. Se le dispensaron todos los cuidados, pero, al fin y a la postre, resultaron inútiles y, la mañana del 1 de febrero de 1850, Eddie falleció. Apenas tenía cuatro años de edad.

La muerte de Eddie provocó a Mary Todd un *shock* nervioso que se tradujo en desmayos el mismo día del fallecimiento. Durante las semanas siguientes, la afligida madre se encerró en su habitación para llorar sin que nadie, salvo Lincoln, lograra que aceptara comer algo. Cuando, finalmente, emergió de su dormitorio, Mary Todd era una mujer todavía más alterada que de habitual que sufría una ansiedad y una preocupación mucho mayores que las que la habían aquejado en los años anteriores y que no podía evitar encolerizarse periódicamente con Lincoln, la criada o su hijo Robert.

El único consuelo que encontraba la desdichada mujer en medio de aquella dolorosa situación le vino del cristianismo. Mary Todd se había alejado en los últimos tiempos de la práctica espiritual, absorbida por la vida del hogar y ese conjunto de circunstancias que el Evangelio denomina «los afanes de la vida». Sin embargo, ahora comenzó a recurrir al doctor James Smith, pastor de la primera iglesia presbiteriana, y ciertamente el clérigo le proporcionó la esperanza suficiente en que un Dios misericordioso le permitiría un día volver a reunirse con Eddie como para no desmoronarse del todo.

El efecto de cultos en los que Mary podía orar y cantar y de las conversaciones con el pastor resultó tan positivo que Lincoln le facilitó las visitas a la iglesia, acogió hospitalariamente al doctor Smith en su casa, trabó con él una amistad que duraría años e incluso asistió a las reuniones. Por esa época, Lincoln leyó *The Christian's Defense*, un grueso volumen de más de seiscientas páginas debido al reverendo Smith, donde el autor rebatía demoledoramente los argumentos de un librepensador. Smith había sido un escéptico en su juventud y podía citar profusamente de las obras de Volney, Paine, Taylor y otros, pero, sobre todo, sabía cómo responder y refutar sus argumentos. El mismo Lincoln quedó impresionado por la obra y se referiría siempre con respeto a la misma y al autor. De hecho, comentó a Ninian W. Edwards, su cuñado:

He estado leyendo la obra del Dr. Smith sobre la evidencia a favor del cristianismo y le he oído predicar y conversar sobre el tema y ahora estoy convencido de la verdad de la religión cristiana.[1]

Sin embargo, fiel a su principio de no pertenecer a una iglesia formalmente, declinó las invitaciones para convertirse en miembro de la congregación.

Así, durante unos meses en que el país se convulsionaba ante las pretensiones de California de convertirse en un estado libre y se conmovía ante la muerte del presidente Taylor, Lincoln se esforzó porque el dolor ocasionado por la pérdida de Eddie se fuera viendo asimilado poco a poco. Cuando llegó el otoño, la situación era mucho más sosegada y, sobre todo, la noticia del nuevo embarazo de Mary trajo una nota de esperanza al matrimonio en medio de unos días especialmente dolorosos. El 21 de diciembre de 1850, algo menos de un año después de la muerte de Eddie, Mary dio a luz a un niño al que pusieron el nombre de William Wallace.

La alegría originada por el nuevo nacimiento fue seguida de manera casi inmediata por un nuevo suceso luctuoso. Thomas, el padre de Lincoln, había caído enfermo y estaba llegando a sus días finales. Lincoln envió un mensaje final dirigido a su padre en

que aparecían recogidos de manera sucinta algunos de sus sentimientos más íntimos:

Díganle que se acuerde de volver los ojos y de confiar en
nuestro Hacedor, que es grande, bueno y misericordioso y
que no lo abandonará en ninguna situación por difícil que
sea. Se entera hasta de la caída de un gorrión y conoce los
cabellos que tenemos en la cabeza y no se olvidará de aquel
que, agonizando, confía en Él. Díganle que si ahora pudié-
ramos vernos no resultaría fácil establecer si se trataría de
una experiencia más dolorosa que agradable, pero que si su
destino es morir ahora pronto disfrutará de un encuentro alegre con muchos seres queridos que marcharon antes que él
al lugar donde el resto de nosotros, con la ayuda de Dios,
esperamos también reunirnos con ellos.[2]

La experiencia de Lincoln con su padre había distado de ser
satisfactoria hasta tal punto que, enfrentado años después de su des-
pedida con la posibilidad de encontrarse de nuevo, temía que el
resultado fuera más doloroso que consolador. Sin embargo, en ese
trance se esforzaba por brindar a su padre una esperanza nacida de
una visión de Dios genuinamente bíblica; Lincoln utilizaba refe-
rencias directas al Evangelio, lo que le permitía hacerle un llama-
miento en pro de la esperanza y anunciarle una reunión con seres
queridos ya difuntos. En qué medida en aquellas líneas resonaban

las palabras que el pastor Smith podía haberle dirigido a Mary o las reflexiones que él mismo había elaborado tras la muerte de su hijo es algo que no resulta fácil de decir, pero sí es obvio que se trataba de ideas ya fuertemente imbricadas en el sentir de Lincoln.

El 17 de enero de 1851, Thomas falleció. Lincoln no asistió al funeral, pero sí se preocupó de que la viuda conservara una parte de la granja paterna y así no se viera sumida en la miseria. Más adelante la visitaría en algunas ocasiones, cuando cuestiones relacionadas con el trabajo lo llevaron al condado Coles.

A pesar de la experiencia con su padre, que, seguramente, lo quiso, pero que no supo expresar su amor de manera suficiente, Lincoln fue un hombre extremadamente cercano a sus hijos, con la excepción de su primogénito Robert, e incluso muy indulgente con ellos. El 4 de abril de 1853, la familia se vería finalmente aumentada por su último retoño, un niño al que se puso el nombre de Thomas en recuerdo del fallecido padre de Lincoln. Dado que la criatura tenía la cabeza grande y gritaba supuestamente como los renacuajos, lo apodaron Tad, o Taddie, una forma familiar de llamar en inglés al *tadpole* o renacuajo.

Volcado ahora en la vida profesional, un recurso utilizado en buena medida para sofocar el dolor causado por la muerte de Eddie, Lincoln prosperó extraordinariamente a inicios de los cincuenta. Todo ello fue fruto de una habilidad y una competencia profesionales realmente notables. De hecho, participó en doscientos cuarenta y tres casos ante el Tribunal Supremo de Illinois, de

los que ganó la mayoría. No se trataba, sin embargo, de un abogado frío y marrullero. Años después escribiría a los que deseaban
ser abogados:

> Tomad la decisión de ser honrados en todos los casos y si
> de acuerdo con vuestro propio juicio no podéis ser abogados
> honrados, tomad la decisión de ser honrados aunque no seáis
> abogados.[3]

Lincoln parece haberse ajustado de manera escrupulosa a ese
patrón de conducta. De entrada, instaba siempre a sus clientes a
llegar a un acuerdo que evitara el pleito, pero si, finalmente, esta
opción se revelaba inviable, aceptaba el caso y lo defendía de la
manera más competente posible. Como abogado defensor podía
ser extraordinario, pero también ejerció la acusación con éxito;
por ejemplo, en un caso en el que logró que un hombre acusado
de violar a una niña de siete años fuera condenado a dieciocho
años de prisión. Sin embargo, esa fase de su vida estaba llegando
a su fin, y más cuando Lincoln decidió regresar a la política bus-
cando un escaño en el Senado.

LA LUCHA POR EL SENADO[4]

La opinión de Lincoln acerca de la esclavitud había sido hasta
aquel entonces abolicionista, pero muy marcada por el respeto a

la legalidad y a la autonomía de los estados. Consideraba que su existencia era contraria a los planteamientos fundacionales de los Estados Unidos y que además resultaba profundamente inmoral, por lo que con el tiempo terminaría por desaparecer de manera gradual, pacífica y sujeta a indemnización. Cuando llegara ese momento, la nación dejaría de estar dividida y su proyecto fundacional se consumaría. Sin embargo, las tesis defendidas por Stephen Douglas no sólo demostraban que las esperanzas de Lincoln podían verse reducidas a humo, sino que incluso llevaban a pensar que la esclavitud se perpetuaría e incluso extendería.

Lincoln no se sumó por aquella época al naciente partido republicano, porque no estaba convencido de que el partido whig hubiera desaparecido, pero sí tenía claro que el objeto directo de sus ataques tenía que ser Douglas y las ideas que sustentaba.

Logró encontrar al político demócrata en Bloomington a finales de septiembre, pero Douglas se negó a aceptar una discusión con Lincoln. Éste no se amilanó y siguió a Douglas hasta Springfield, donde se celebraba una feria estatal. El 3 de octubre, Douglas pronunció un discurso defendiendo sus posiciones y a su término Lincoln anunció a voz en cuello que al día siguiente respondería a todas sus tesis una por una en aquel mismo lugar.

El 4 de octubre, Lincoln cumplió su promesa. El discurso pronunciado en esa ocasión sería conocido como el «discurso de Peoria», porque no fue publicado íntegro hasta que volvió a repetirlo en esa localidad dos semanas más tarde, y en él se contenían *in nuce* algunos de los argumentos esenciales contra la esclavitud, a los que Lincoln se aferraría en los siguientes años. La esclavitud a su juicio, era un mal con el que se habían encontrado los Padres de la constitución americana y que no habían mencionado siquiera, de la misma manera que «un hombre apenado oculta un quiste o un cáncer que no se atreve a cortar de manera inmediata por el miedo a morir desangrado».[5] Sin embargo, esperaban que la institución desapareciera, hasta el punto de que no la habían incluido en la constitución y la habían mantenido dentro de unos límites. A Lincoln le resultaba inaceptable la perspectiva de extender la esclavitud y, sobre todo, la de basar semejante decisión en la soberanía popular. En realidad, al apelar a ésta, Douglas lo que hacía era reducir un problema nacional a una escala local, como si se tratara de algo tan trivial como «el comercio de arándanos». Aun más. Douglas confundía insidiosamente las decisiones de los distintos estados con el principio de autogobierno y semejante confusión resultaba intolerable. Precisamente, la aplicación del principio de autogobierno, llevaba a la conclusión lógica de que el negro tenía derecho a autogobernarse, lo que era totalmente contrario a la existencia de la esclavitud. En otras palabras:

> Cuando el hombre blanco se gobierna a sí mismo es autogobierno, pero cuando se gobierna a sí mismo y también gobierna a otro hombre, es más que autogobierno, es despotismo. Si el negro es un hombre, mi antigua fe me enseña que «todos

los hombres son iguales» y que no puede existir ningún derecho moral para que un hombre convierta a otro en esclavo.[6]

La esclavitud constituía un considerable problema moral, pero además encerraba en su seno un inmenso peligro político, el de pervertir hasta tal punto las instituciones democráticas que pudiera significar su vaciamiento ahora y su aniquilación después:

Hace casi ochenta años, empezamos declarando que todos los hombres son creados iguales; pero ahora, de ese principio hemos descendido hasta la otra declaración de que para ALGUNOS hombres el esclavizar a OTROS es un «sagrado derecho del autogobierno» ... Readoptemos la Declaración de Independencia y con ella, las costumbres y la política que armonizan con ella. Que en el Norte y el Sur, todos los americanos, todos los amantes de la libertad en todas partes ... se unan a esta gran tarea para el bien. Si lo hacemos, no sólo habremos salvado a la Unión, sino que la habremos salvado para hacerla y conservarla digna de salvación para siempre...[7]

El discurso de Lincoln, que, ciertamente, marcaba una línea de inflexión en su pensamiento político, tuvo una considerable repercusión.

En medio de aquel vendaval político, Lincoln anunció que se presentaría a la legislatura del estado en calidad de whig y venció con relativa facilidad en la elección. Sin embargo, para poder ser elegido senador resultaba indispensable no formar parte del legislativo estatal, de manera que Lincoln renunció al escaño que acababa de obtener y que, en realidad, sólo había tenido la misión de servirle de plataforma política.

En febrero de 1856, Lincoln había llegado a la conclusión de que el partido whig estaba materialmente muerto y de que urgía crear una nueva fuerza política que se enfrentara con el drama por el que atravesaba la nación, que iba adquiriendo cada vez más tintes más sombríos. Lincoln se reunió con algunos personajes con la intención de convocar una convención que debía reunirse en Bloomington el 29 de mayo con el propósito de defender la causa de la libertad. De esta reunión nacería finalmente el que se conoce todavía en la actualidad como partido republicano. Su finalidad inmediata era desplazar a los demócratas del poder —se acercaban ya las elecciones presidenciales— e impedir la extensión de la esclavitud en el territorio nacional. Al concluir la convención se pidió a Lincoln que pronunciara un discurso. Lincoln se dirigió entonces a la multitud por espacio de hora y media sin texto escrito ni bosquejo en un alarde de oratoria improvisada. Nadie tomó notas —al parecer los periodistas presentes quedaron tan impresionados que se olvidaron de hacerlo— ni llegó a publicarse, por lo que aquellas palabras llegarían a conocerse como el «discurso perdido». Sin embargo, el impacto que produjo en los dos mil asistentes fue extraordinario y en buena medida puede decirse que estableció las bases del partido republicano.

Las notas que se conservan de Lincoln en esa época están relacionadas en un número muy considerable con la problemática de la esclavitud. De hecho, Lincoln se entregó a leer todos los materiales favorables a la institución que aparecían en periódicos del Sur, como el *Charleston Mercury*, o en las obras de George Fitzhugh, un nacionalista sureño que aborrecía el capitalismo y las instituciones liberales y abogaba porque sus paisanos implantaran un sistema basado en la explotación agrícola en el que la esclavitud pesara tanto sobre los negros como sobre los blancos. Por añadidura, al igual que los ideólogos socialistas, Fitzhugh anunciaba la inminente caída del capitalismo dado su carácter antinatural e inmoral. De estas lecturas fue extrayendo Lincoln todos los matices que podía manifestar una visión que, en realidad, trascendía del mero tema de la esclavitud y que se ocuparía de demoler punto por punto en los años futuros.

En el curso de su convención presidencial celebrada en Cincinnati, los demócratas rechazaron finalmente la candidatura del controvertido Stephen Douglas y optaron por la de James Buchanan. Por su parte, los republicanos nominaron a mediados de junio en la convención de Filadelfia a John Charles Frémont, un célebre explorador.

Al existir un tercer candidato, llamado Fillmore, tuvo lugar una división del voto y los demócratas volvieron a conseguir colocar a uno de sus hombres en la Casa Blanca. Sin embargo, la perspectiva no resultaba totalmente negativa. En medio de la confusión

de partidos que vivía entonces Estados Unidos, los republicanos
habían logrado quedar en segundo lugar.

La conclusión, para Lincoln, era muy clara. Si los partidarios
de Fillmore hubieran estado coaligados con los republicanos, los
demócratas habrían perdido las elecciones. Precisamente por ello,
el principal esfuerzo del partido republicano debía estar orienta-
do hacia la captación de esos votantes para vencer al «demonio
negro»[8] de la esclavitud. Lincoln era consciente de que los demócratas habían recurrido a la demagogia empleando argumentos
como el de que los republicanos pretendían la fusión de razas y
la promoción del matrimonio entre blancos y negros. Su misión
consistía ahora en demostrar que abogaban fundamentalmente
por preservar la idea central de la república, la de que todos los
hombres han sido creados iguales, y con ella la supervivencia de
un sistema que se veía amenazado por la tesis de que la esclavitud
podía ser legítimamente extendida «a todos los países y colores».[9]

El 4 de marzo, Buchanan anunció en su discurso inaugural
que el Tribunal Supremo estaba a punto de zanjar la cuestión
de la esclavitud y dos días después la institución presidida por el
juez Taney dictó la sentencia en el caso de Dred Scott. Éste era
un esclavo que había sido llevado por su amo a residir en territorios libres durante varios años y que, de regreso a Missouri, había
interpuesto una demanda para recuperar la libertad. La sentencia
firmada por Taney rechazaba que un negro pudiera interponer
una demanda ya que no era ciudadano y además negaba que el

congreso pudiera entrar en la cuestión de la esclavitud. De manera comprensible, la sentencia enfureció a los republicanos, que veían como los esclavistas obtenían un triunfo tras otro, pero satisfizo enormemente a los demócratas, especialmente a los sureños.

En junio, Douglas se dirigió a una asamblea reunida en Springfield para abordar este tema. Según manifestó, la sentencia en el asunto Dred Scott era justa. Los Padres fundadores habían hablado de la igualdad entre seres humanos, pero al hacerlo se habían referido únicamente a los blancos de las colonias en relación con los blancos de la metrópoli. Los negros eran racialmente inferiores y no podían gobernarse. Ciertamente, podían tener algunos derechos, pero la delimitación de éstos debía quedar en manos de las comunidades blancas en medio de las cuales vivían. Si los republicanos triunfaban, aquellos principios innegables se verían amenazados, ya que pretendían que los negros habían sido creados iguales a los blancos y entonces no tardaría en llegar la mezcla de razas. De ahí al descenso de los blancos al nivel subhumano de los negros tan sólo mediaría un paso.

Lincoln se encontraba entre el público que escuchó a Douglas y quedó convencido de que el discurso demócrata era una penosa amalgama de interpretación retorcida de la Historia y de la constitución norteamericanas con una demagogia que utilizaba los recursos propios del racismo. Sin embargo, a pesar de su configuración, quizá incluso por eso mismo, se trataba de un discurso que sería escuchado con atención por millones de ciudadanos y que, en razón de tal circunstancia, exigía una respuesta contundente.

Para contestarlo, Lincoln se recluyó durante dos semanas en la biblioteca del Tribunal Supremo de Illinois examinando los veredictos particulares del caso Dred Scott, así como las reacciones que había despertado en la prensa. De aquella labor extrajo Lincoln material suficiente para escribir durante el mes de junio una refutación sólida y documentada de Douglas.

De entrada, Lincoln volvía a reafirmar su tesis de que la defensa de la soberanía popular por parte de Douglas no era sino un fingimiento engañoso para beneficiar la esclavitud. De hecho, el examen de los hechos históricos mostraba que su posición era insostenible. En cinco de los trece estados originales, Massachusetts, New Hampshire, Nueva York, New Jersey y Carolina del Norte, los negros libres habían tenido derecho al voto. No cabía duda de que habían desempeñado algún papel en la ratificación de la constitución y, desde luego, habían formado parte del «Nosotros, el pueblo» citado en su preámbulo. Por lo que se refería a la igualdad proclamada por la Declaración de Independencia no constituía una afirmación de que todos los hombres son iguales en cuestiones como el color, las medidas, la inteligencia o la moral, ya que una afirmación así habría ido en contra de la realidad. Sin embargo, sí significaba que todos los hombres, tanto negros como blancos, eran iguales en su derecho inalienable a la vida, a la libertad y a la búsqueda de la felicidad. Por supuesto, esa circunstancia no se daba cuando se había aprobado la Declaración, pero los Padres fundadores habían sido conscientes de que el derecho existía y de que sobre él se fundaba la sociedad libre entonces en proceso de formación.

Con referencia al peligro de mezcla racial esgrimido tan abundantemente por Douglas y los demócratas, Lincoln señaló que no pasaba de ser una falacia con la que excitar las pasiones para ocultar la terrible maldad que caracterizaba la esclavitud:

Protesto contra la falsa lógica que supone que porque yo no quiero a una mujer negra en calidad de esclava, necesariamente tengo que quererla en calidad de esposa. No necesito tenerla en ninguna de esas formas. Puedo dejarla en paz sencillamente. En algunos aspectos ciertamente no es igual a mí, pero en su derecho natural a comerse el pan que se gana con sus propias manos ... es igual a mí y es igual a todos los demás.[10]

Por otro lado, la mezcla racial que tanto horrorizaba a los esclavistas realmente se producía en los estados sureños y no en los libres. De hecho, de los 405.751 mulatos que residían en el territorio de los Estados Unidos, 348.874 vivían en el Sur. La esclavitud era, por mucho que se quisieran cerrar los ojos a esa realidad, la principal fuente de la aborrecida mezcla de razas.

Finalmente, Lincoln establecía en claro y contrastado paralelo las diferencias que frente a la esclavitud presentaban demócratas y republicanos:

> Los republicanos insisten... en que el negro es un hombre; en que su servidumbre está cruelmente equivocada y en que el campo de su opresión no debe extenderse. Los demócratas le niegan esa condición humana; niegan, o reducen hasta la insignificancia, la iniquidad de esta servidumbre; aplastan en la medida de lo posible la simpatía hacia el negro; cultivan y acentúan el odio y el asco contra él; se consideran por ello salvadores de la Unión y denominan derecho sagrado de autogobierno a la expansión indefinida de esta servidumbre.[11]

Con aquel texto, leído la noche del 26 de junio en el edificio estatal de Illinois, Lincoln había dado inicio a su enfrentamiento con Douglas por la obtención de un escaño en el Senado.

Pronunciado el 16 de junio de 1858 ante la convención reunida en Springfield, como unos de los discursos más extraordinarios de Lincoln, fue conocido bajo el título de «Una casa dividida». El texto comenzaba con una referencia al fracaso de la administración actual controlada por los demócratas para solucionar el problema de la esclavitud. Como señalaba Lincoln apuntando a la razón de esa situación:

Bajo el funcionamiento de esa política, la agitación no sólo *no ha cesado*, sino que ha *aumentado de manera constante*.

En *mi* opinión, *no concluirá* hasta que se llegue a una *crisis* y ésta pase.

Una casa dividida contra sí misma no se mantendrá en pie.

Creo que este gobierno no puede mantenerse de manera permanente medio *esclavo* y medio *libre*.

No espero que la Unión se disuelva ... no espero que la casa *se desplome* ... pero sí espero que deje de estar dividida.

O los *oponentes* a la esclavitud impiden que se siga extendiendo y la sitúan en un lugar que permita a la opinión pública descansar en la confianza de que con el paso del tiempo se llegará a su extinción final o sus *defensores* la impulsan y la hacen avanzar hasta que se convierta en legal en todos los estados, *viejos y nuevos* ... del *Norte* y del *Sur*.[12]

En opinión de Lincoln, antes de que pudieran darse cuenta, el Tribunal Supremo dictaría una sentencia en la que se establecería que la constitución de los Estados Unidos impedía a un estado prohibir la esclavitud y pronto la república entera se convertiría en una casa de esclavos. Sin embargo, no había que desanimarse. Si los republicanos lograban mantenerse unidos, tenían posibilidades de ganar las elecciones y provocar un cambio político que salvara a la nación de la situación por la que ahora atravesaba.

Lincoln no confiaba en ver el final de la esclavitud en el curso de su vida, tal y como expresó a algunas personas cercanas en aquella época. Sin embargo, consideraba que era su deber contribuir a la llegada de ese momento. El 8 de julio se encontraba en Chicago dispuesto a enfrentarse con Douglas. Al día siguiente, el candidato demócrata pronunciaría un discurso desde el balcón de la casa Tremont que, fundamentalmente, buscaba refutar el que con el tema de *Una casa dividida* había dado Lincoln unos días antes. A juicio de Douglas, las pretensiones de Lincoln de que todos los estados adoptaran un punto de vista uniforme sobre la esclavitud constituían un ataque directo contra la soberanía de los estados y la libertad personal. Por si fuera poco, Lincoln chocaba directamente con lo formulado en la Declaración de Independencia y la voluntad de los Padres fundadores, ya que el gobierno de Estados Unidos había sido «hecho por el hombre blanco, para beneficio del hombre blanco y para ser administrado sólo por el hombre blanco».[13]

A la noche siguiente, y desde el mismo balcón, Lincoln respondió a Douglas. En contra de lo que afirmaba su rival, no tenía la menor intención de proponer el estallido de una guerra. Tan sólo se había limitado a señalar que la nación había entrado en una situación de crisis moral relacionada directamente con la esclavitud. Personalmente, él siempre había sido abolicionista, pero su insistencia en el tema era ahora especial porque se estaba viviendo un ataque dirigido directamente contra el proyecto político de los Padres fundadores al pretender nacionalizar la esclavitud.

De hecho, los republicanos eran los verdaderos herederos de los Padres fundadores, ya que ansiaban la desaparición gradual de la institución y, desde luego, que no se expandiera.

También en contra de lo que pretendía Douglas, Lincoln no tenía la intención de uniformizar la legislación de los estados. Sin embargo, ésa era una cuestión y otra muy diferente el reducir la esclavitud a un problema secundario, como las leyes de Virginia sobre las ostras o las de Maine sobre bebidas alcohólicas. La esclavitud era «un mal moral enorme»[14] que debía quedar circunscrito al Sur para que allí muriera de consunción. Hasta entonces lo esencial era no dejarse enredar en disputas sobre la superioridad o inferioridad de tal o cual ser humano y alzarse en pie como un solo pueblo para proclamar que «todos los hombres han sido creados iguales».

En lugar de los cincuenta debates propuestos por los republicanos, Douglas aceptó que se celebraran siete y, de ellos, en cuatro contaría con el derecho de comenzar y refutar, frente a tres tan sólo de Lincoln.

Estos debates y el discurso de la casa dividida iban a tener un efecto perverso al oscurecer otro discurso pronunciado por Lincoln en Lewiston, Illinois, el 17 de agosto de 1858. Esta magnífica pieza de oratoria lincolniana ni siquiera es mencionada en algunas buenas biografías del personaje, a pesar de que su contenido es realmente revelador. De hecho, posiblemente sea el discurso de Lincoln donde aparece más claramente identificado el principio de igualdad de los seres humanos recogido en la Declaración de

Independencia de Estados Unidos, con su origen ideológico en el libro bíblico del Génesis:

> ... nada que tuviera la impronta de la imagen y semejanza divinas fue enviado al mundo para ser pisoteado, y degradado y embrutecido por sus compañeros ... Sabios estadistas como eran, conocían la tendencia de la prosperidad a criar tiranos y así establecieron esta grandes verdades evidentes por sí mismas, que cuando en el futuro distante algún hombre, alguna facción, algún interés, enarbolara la doctrina de que nadie salvo los ricos, o nadie salvo los hombres blancos, tenían derecho a la vida, la libertad o la búsqueda de la felicidad, su posteridad podría alzar la mirada hacia la Declaración de Independencia y recuperar el aliento para renovar la batalla que los padres empezaron, de manera que la verdad, y la justicia, y la misericordia, y todas las virtudes humanas y cristianas no puedan ser extinguidas de la faz de la Tierra; de manera que ningún hombre de aquí en adelante se atreva a limitar y circunscribir los grandes principios sobre los que el templo de la libertad está siendo construido.[15]

El primero de los debates con Douglas se celebró en Ottawa, en la parte norte de Illinois, el 21 de agosto. Douglas, que comenzó la discusión, aseguró que se encontraba del lado de los Padres fundadores, mientras que Lincoln sólo buscaba el aniquilamiento de los demócratas para poner en pie un partido abolicionista disfrazado bajo el letrero de republicano. Ese partido intentaría arrastrar al país a la guerra civil con la única finalidad de emancipar a los esclavos y convertirlos en iguales de los blancos. Sólo los que desearan tan aciago futuro deberían votar por Lincoln y los «republicanos negros». Por su parte, no cuestionaba la creencia firme de Lincoln de que el negro era igual a él y hermano suyo, un comentario irónico que provocó carcajadas, pero desde luego él no consideraba al negro un igual y negaba que fuera su hermano o que tuviera algún parentesco con él.

Lincoln respondió que, aunque los negros no fueran iguales a Douglas o a él en cuestiones morales o intelectuales, sí lo eran en lo que se refería a su derecho a la vida, a la libertad y a la búsqueda de la felicidad y, por supuesto, este último aspecto incluía el derecho a disfrutar de los frutos de su trabajo. La cuestión fundamental era si la esclavitud se iba a extender o iba a extinguirse, y precisamente esa cuestión era la que eludía Douglas. ¿Por qué? Simplemente porque era una pieza del mecanismo que estaba abriendo el camino a la extensión de la esclavitud por toda la nación.

Los siguientes debates se celebraron el 27 de agosto, el 15 de septiembre, el 7 de octubre y el 15 del mismo mes. De manera bien significativa, Lincoln insistió en que la cuestión central era el dilema moral que planteaba la existencia de la esclavitud en un país regido de acuerdo con los principios contenidos en la Declaración de Independencia. Por el contrario, Douglas eludía este asunto verdaderamente esencial para desviarse por vericuetos como la desigualdad de razas o la imposibilidad de admitir el matrimonio entre negros y blancos.

Cuando concluyó el último debate, Lincoln se dirigió a Springfield, donde tuvo que asistir a un desfile del partido y pronunciar el último discurso de la campaña. Ya sólo quedaba ir a votar.

El 7 de noviembre, día de las elecciones, fue una jornada fría y lluviosa. Lincoln acudió a las urnas temprano y pasó el resto del día en la oficina de telégrafos para estar al tanto de los resultados electorales. Cuando concluyó el recuento resultó que había obtenido 190.000 sufragios, frente a los 176.000 de Douglas. Sin embargo, a pesar de haber superado a su adversario, los demócratas conservaban su mayoría (54 contra 46) en la legislatura. Esta circunstancia significaba que no podría llegar al Senado porque ningún demócrata votaría por él. Así, había perdido tras cuatro meses de agotadora campaña electoral en la que había pronunciado los mejores discursos de su vida política.

Nadie responsabilizó a Lincoln del fracaso, pero semejante circunstancia no le deparó un gran consuelo. Cuando en febrero de 1859 la legislatura reeligió a Douglas para el Senado, algunos amigos de Springfield acudieron a visitar a Lincoln a su despacho. El derrotado candidato resumió su estado de ánimo diciendo que se sentía como un muchacho que se ha golpeado la punta del pie y no puede llorar, porque ya no es un niño, ni tampoco reír, porque le duele mucho. De momento, tan sólo le quedaba trabajar lo más que pudiera, porque había gastado mucho dinero sin tener ingresos.

Las elecciones de Ohio

El desánimo de Lincoln iba a durar poco. Su figura, gracias al enfrentamiento con Douglas, estaba cobrando una altura nacional. De hecho, algunos periódicos republicanos de Illinois comenzaron a señalar la conveniencia de nominarle como candidato para ocupar la Casa Blanca.

Lincoln, por su parte, tenía otros proyectos. A inicios de la primavera de 1859 había decidido presentarse a las elecciones al Senado de 1864 con la intención de lograr arrebatarle la reelección a Douglas. Hasta entonces, sin embargo, no tenía la menor intención de quedarse inactivo. Así, participó en la campaña estatal de Ohio apoyando al partido republicano. Una vez más, salió a la luz la visión moral basada en la Biblia que defendía Lincoln. Ése fue el caso del discurso pronunciado en Columbus el 16 de setiembre de 1859. En él puede verse que no se trataba sólo de que a la luz de la Biblia leyera la Declaración de Independencia, y la leyera correctamente, ni tampoco de que su análisis sobre la perversidad que implicaba la esclavitud arrancara de principios morales de hondas raíces bíblicas. Además, Lincoln, como los profetas de Israel o Jesús, consideraba que Dios intervenía en la Historia y que, por lo tanto, podía desencadenar Su juicio a causa de aquella maldad. Comparando las opiniones de Stephen Douglas y de Thomas Jefferson, Lincoln afirmaba:

... aquel hombre (Jefferson) no compartía exactamente este punto de vista sobre la insignificancia de la esclavitud como hace nuestro amigo el juez Douglas. Al contemplarla, todos sabemos que se vio arrastrado a exclamar: '¡Tiemblo por mi país cuando recuerdo que Dios es justo!' Sabemos a lo que se refería cuando se expresó así. Existía un peligro para este país, un peligro de la justicia vengadora de Dios en esa cuestión carente de importancia de la soberanía popular expresada por el juez Douglas. Supuso que existía una cuestión relacionada con la justicia eterna de Dios envuelta en esclavizar a cualquier raza de hombres, o a cualquier hombre, y que aquellos que así provocaran el brazo de Jehová, que cuando una nación se atrevía así a desafiar al Todopoderoso cada amigo de esa nación tenía motivos para temer Su cólera. Escoged entre Jefferson y Douglas para decidir cuál es la verdad en esta discusión que mantenemos.[16]

Difícilmente hubiera podido Lincoln expresarse con más claridad.

En octubre, los republicanos ganaron las elecciones estatales de Ohio y poca duda puede haber de que Lincoln contribuyó a esa victoria de manera notable.

De regreso a Springfield para pasar el invierno, Lincoln estaba convencido de que Seward lograría la nominación republicana para la elección presidencial. Sin embargo, no eran pocos los que pensaban que Lincoln podía resultar un candidato con mayores posibilidades de éxito. De hecho, Lincoln carecía de enemigos a escala nacional y, sin embargo, pertenecía a un estado que podía resultar decisivo electoralmente. Illinois, al igual que New Jersey, Pennsylvania, Ohio e Indiana, contaba con zonas que compartían el punto de vista de los estados sureños. Esas regiones precisamente resultaban esenciales y, mientras que en ellas Seward poseía escaso predicamento, Lincoln contaba con un notable atractivo por su origen y maneras.

En enero de 1860, algunos amigos de Lincoln se reunieron en un lugar secreto situado en Springfield con la intención de anunciar oficialmente su candidatura a la presidencia. Al parecer, Lincoln seguía sin estar convencido del todo de la conveniencia de aquella decisión, pero la aceptó como un paso previo a volver a presentarse al Senado en 1864 y en febrero, comenzó a viajar por el Este.[17]

Aquel viaje de Lincoln sirvió para convertirle en un personaje más conocido y respetado, pero a finales de abril daba la sensación de que no podría contar con ningún delegado que no fuera de Illinois. No era una situación óptima, pero cuando los demócratas se dividieron por esas mismas fechas en un grupo norteño favorable a Douglas y otro sureño marcadamente secesionista, Lincoln llegó a la conclusión de que las perspectivas republicanas de alcanzar la Casa Blanca habían aumentado considerablemente.

Cuando el partido se reunió en Chicago para decidir quién sería el candidato presidencial, Lincoln se encontraba en Springfield preparado para un nuevo fracaso. Sin embargo, de los 466 votos emitidos, Lincoln obtuvo 354. Con tan sólo 234 ya hubiera conseguido la nominación.

Los republicanos adoptaron para las elecciones presidenciales de 1860 una plataforma electoral unitaria. En todos los estados, manifestaron que se oponían al resultado del asunto Dred Scott, a la manipulación del concepto de soberanía popular realizado por Douglas y a la extensión de la esclavitud. Esperaban, de hecho, que esta institución desapareciera y a ella enfrentaban principios como los de libertad individual, esfuerzo personal y movilidad social.

El panorama que presentaban los partidos opuestos al republicano resultaba inquietante. Por un lado, había aparecido uno nuevo conocido como el partido de la unión constitucional, formado por antiguos whigs. Por otro, el partido demócrata no logró superar sus divisiones internas. El 18 de junio, los demócratas del Norte nominaron a Douglas para defender un plan que volvía a propugnar su concepto de soberanía popular. Por su parte, los demócratas del Sur eligieron a John C. Breckinridge, de Kentucky, que abogaba por un código federal de esclavos para los territorios. Si a los candidatos mencionados se sumaban el republicano

Lincoln y Gerrit Smith, del partido de abolición radical, el elector tenía que elegir teóricamente entre cinco opciones.

Las elecciones resultaron especialmente reñidas. En contra de la costumbre de la época, Douglas se lanzó a recorrer el territorio de la Unión en una sucesión ininterrumpida de actos electorales mientras sus compañeros de partido difundían el rumor de que Lincoln en realidad era hijo bastardo, de que carecía de experiencia como estadista o de que era un mero pueblerino cortador de troncos. En el Sur, los demócratas fueron todavía más lejos. No sólo dejaron de manifiesto que si Lincoln ganaba las elecciones se separarían de la Unión formando una nación independiente, sino que además quemaron su efigie en multitud de lugares y su nombre ni siquiera apareció en una decena de estados. En paralelo, se le acusó de tener la intención de entregar los puestos federales a los negros y de instarles a copular con mujeres blancas. Las acusaciones eran groseramente falsas, porque ni siquiera todos los negros veían con simpatía a Lincoln. Ciertamente, en los escasos estados donde podían votar —Nueva York, Massachusetts y otros estados de Nueva Inglaterra—, los negros tenían intención de dar su voto a Lincoln e incluso formaron clubes republicanos, pero, al mismo tiempo, Frederick Douglas, el dirigente negro más importante de toda la nación, no tuvo ningún reparo en afirmar que apenas había diferencias entre los demócratas y los republicanos.

Lincoln se manifestó de un excelente humor el 6 de noviembre, día de las elecciones. No se equivocó. Cuando concluyó el escrutinio, se supo que Lincoln había logrado 1.866.542 votos, seguido por los 1.376.957 de Douglas, los 849.781 de Breckinridge y los 588.879 de Bell. Lincoln había triunfado en California, Oregón y todos los estados libres del Norte con la excepción de New Jersey. Lógicamente, en el colegio electoral, las diferencias resultaron aun más abismales a favor de Lincoln. A sus 189 compromisarios, Breckinridge sólo podía oponer 72; Bell, 39 y Douglas, 12. Se trataba de una victoria más que holgada.

Sin embargo, en el Sur, millares de personas se habían lanzado ya a la calle pidiendo a gritos la independencia.

CAPÍTULO 4

LA SECESIÓN

LA SECESIÓN

El nacimiento de la Confederación[1]

En puridad, la victoria de Lincoln no implicaba la derrota del Sur. Aunque personalmente era contrario a la institución de la esclavitud y se oponía a su expansión, no era menos cierto que había declarado sin dejar lugar a equívocos que su primera misión era la de mantener en pie la Unión y que estaba en contra de la intervención en los estados esclavistas. La convivencia del Sur con Lincoln era, por lo tanto, posible y la secesión, y la guerra ulterior, no resultaba inevitable.

Sin embargo, a pesar de todas estas consideraciones, los estados esclavistas consideraron la llegada de Lincoln a la Casa Blanca como una tragedia.

Carolina del Sur había protagonizado varias décadas antes un episodio de rebelión contra la Unión y ahora no dudó en apelar al precedente y encabezar a los secesionistas. Por su parte, el aún presidente Buchanan, el 3 de diciembre de 1860, señaló en su mensaje anual al Congreso que ningún estado tenía derecho a separarse de la Unión, pero acto seguido afirmó que, si tal eventualidad se produjera, el gobierno federal carecía de poder para impedirla. La distancia entre semejante afirmación y la invitación a llevar a cabo la secesión era, en términos políticos, mínima.

Con estas circunstancias a la vista no debe extrañar que los estados sureños no consideraran la posibilidad de permanecer en la Unión y, por el contrario, decidieran jugarse su destino a la carta de la secesión. La Confederación estaba a punto de nacer.[2]

El 9 de enero de 1861, casi al mes del discurso de Buchanan ante el Congreso, una convención del estado de Mississippi votó a favor de la secesión por 84 a 15. Al día siguiente, una convención similar, esta vez celebrada en el estado de Florida, llegó a la misma decisión por 62 a 7. El 11, Alabama optó por la secesión por 61 a 39. En el breve espacio de setenta y dos horas, tres estados esclavistas habían abandonado la Unión y no podía decirse que el proceso para hacerlo hubiera resultado ni difícil ni ajustado. De hecho, el 19 de enero, Georgia se sumó a la secesión por 208 votos contra 89; el 26 de enero, fue Louisiana la que votó la separación por 113 contra 17 y, finalmente, el 1 de febrero, Texas abandonó la unión por la aplastante diferencia de 166 votos contra 7. Inmediatamente, los rebeldes sureños aprovecharon la situación para apoderarse de todos los enclaves militares que existían en el interior de sus respectivos estados. A decir verdad, lo consiguieron sin encontrar apenas resistencia. La única excepción fue Fort Sumter,[3] que estaba situado precisamente en Carolina del Sur.

La plaza estaba defendida por un comandante llamado Robert Anderson. A pesar de su condición de sureño, Anderson era consciente del deber que tenía que cumplir frente a las presiones de las nuevas autoridades de Carolina del Sur y dejó claro que no abandonaría el fuerte sin recibir órdenes del poder federal. Los sureños enviaron comisionados a Washington y solicitaron entrevistarse con Buchanan para instarle a que ordenara la evacuación del fuerte. Buchanan los recibió, pero, el 9 de enero de 1861, dio la orden de que el *Star of the West* se dirigiera hacia Fort Sumter con provisiones. A pesar de este gesto, Buchanan pretendía fundamentalmente no tener roces con los esclavistas, de manera que el barco enviado no era un navío de guerra, sino un buque mercante desprovisto de armamento. Esta política de apaciguamiento no se vio coronada por el éxito sino que derivó en un triunfo para los adversarios. La artillería sureña abrió fuego sobre el *Star of the West* y el buque no tuvo otra salida que regresar al puerto de Nueva York. En adelante, los defensores de Fort Sumter tan sólo podían rendirse por hambre o esperar hasta que fuerzas superiores sureñas los doblegaran militarmente. Por lo que a Buchanan se refiere, aquel fue su último acto de fuerza en toda la crisis.

Por añadidura, los estados que se habían separado de la Unión estaban más que decididos a crear una entidad política diferente que los agrupara entre sí. Así, el 4 de febrero de 1861, representantes de los siete estados que habían declarado su independencia se reunieron en Montgomery, la capital de Alabama, con la intención de proceder a la redacción de un texto constitucional. El texto, que había sido elaborado en absoluto secreto, fue anunciado el 8 de febrero pero no se sometió a ninguna consulta democrática o siquiera a su aprobación por una cámara elegida mediante votación popular. Además, la convención se convirtió por decisión propia en congreso confederal al día siguiente y procedió a elegir presidente a Jefferson Davis,[4] de Mississippi, y vicepresidente a Alexander Hamilton Stephens. El 18 de febrero tuvo lugar la investidura de ambos en Montgomery. Había nacido la Confederación.

La espera

En el curso de las semanas siguientes, los estados confederados vivieron en una situación de euforia que sólo se vio acentuada por la perplejidad, las contradicciones y la carencia de reacciones prácticas experimentadas por los estados libres. No pocos norteños eran partidarios de permitir que los estados confederados se separaran —¿a fin de cuentas no lo habían hecho ya?—, evitando así el derramamiento de sangre que sería indispensable para traerlos de regreso a la Unión. Tampoco faltaron los que interpretaron aquel episodio como una especie de purga de los elementos más indeseables de la nación.

Desde luego, los sureños ya independizados no estaban dispuestos a renunciar a su recién estrenada condición para regresar a la unión por mucho que ésta se amoldara al mantenimiento de sus privilegios. Además estaba a punto de entrar en escena otro factor anunciado pero que hasta el momento se había hallado ausente de aquel chalaneo tan poco edificante. Ese factor no era otro que el propio Abraham Lincoln.

CAPÍTULO 5

LINCOLN LLEGA A WASHINGTON

LINCOLN ASUME LA PRESIDENCIA

El día 11 de febrero de 1861, Lincoln abandonó Springfield pronunciando un discurso ante los que habían sido paisanos suyos durante los últimos años. Fue breve, dado su carácter improvisado y, sobre todo, su contexto, ya que se pronunció mientras el tren probaba la máquina antes de arrancar y algunos conciudadanos se acercaban al vagón donde ya se encontraba Lincoln. A pesar de todo, constituye uno de los discursos más populares del presidente, siquiera porque en él se conjugaban elementos tan queridos por él como la fe en Dios y la fe en el pueblo:

Me marcho ahora —sin saber cuándo regresaré o si lo haré alguna vez— con una tarea ante mí que es mayor que la que descansó sobre Washington. Sin la asistencia de ese Ser divino que siempre le ayudó, no puedo tener éxito. Con esa asistencia, no puedo fracasar. Confiando en Aquel que puede acompañarme y permanecer con vosotros y estar en todas partes para bien, esperemos con confianza que todo transcurrirá bien. Encomendándoos a Su cuidado, como espero que

vosotros me encomendéis en vuestras oraciones, me despido
afectuosamente de vosotros.[1]

Se iniciaba así un dilatado trayecto hacia Washington en el
curso del cual Lincoln pronunció varios discursos en diferentes
localidades y además supo, por un informe suministrado por el
detective escocés Allan Pinkerton, que los esclavistas habían tra-
mado su asesinato.

El riesgo que corría el presidente no era, desde luego, escaso. Washington se encontraba enclavado en territorio esclavista entre Maryland y Virginia, y sin duda no eran pocos los que
pensaban que, desaparecido Lincoln, todo discurriría de mejor
manera. No resulta por ello sorprendente que los acompañantes
de Lincoln le instaran a alterar la ruta que iban a seguir a fin de
evitar incidentes desagradables. Al fin y a la postre, el presidente
aceptó tomar un tren nocturno directo con destino Washington
que evitara Baltimore. De esa manera, logró llegar a la capital
sano y salvo, pero en unas circunstancias que no dejaban presa-
giar nada bueno.

Lincoln pronunció un discurso inaugural de carácter neta-
mente conciliador, pero no desprovisto de firmeza. Así, insistió en
que no tenía la intención de intervenir en aquellos estados donde ya existía la esclavitud, pero, a la vez, no dejó ninguna duda
en el sentido de que consideraba que la secesión era contraria a
la legalidad y, por lo tanto, no la consentiría. Por supuesto, era

consciente de que algunos estados esclavistas ya habían optado por independizarse, pero no por ello habían dejado de ser parte de la Unión. Con todo, si regresaban pacíficamente a la situación de legalidad, no sería necesario el uso de la violencia.

El mismo día 4 de marzo, en que Lincoln recibía la investidura, los sureños anunciaron la creación de una nueva bandera nacional. Las estrellas por cada estado, siete inicialmente, y las bandas recordaban lejanamente a la primera bandera americana y es muy posible que estas coincidencias no fueran en absoluto casuales. Una semana después de la creación de la bandera confederada se proclamó formalmente la constitución a la que se fueron adhiriendo en las semanas sucesivas los distintos estados esclavistas.

Finalmente, el 12 de abril de 1861, a las cuatro y media de la mañana, Pierre Gustave Toutant de Beauregard, comandante en jefe de Fort Johnson, una posición situada a unos tres kilómetros al suroeste de Fort Sumter, dio orden de que sus cañones abrieran fuego sobre esta posición. Las fuerzas de la Unión resistieron el bombardeo confederado durante treinta y cuatro horas e incluso respondieron al fuego enemigo, pero la suya era una situación desesperada. Una vez que las municiones se agotaron, Anderson no tuvo otra salida que rendirse. La capitulación tuvo lugar el 13 de abril a las dos y media de la madrugada. Los confederados no creían que la guerra pudiera continuar, de manera que no tuvieron ningún reparo en no considerar prisioneros a Anderson y a sus hombres y, tras dispensarles honores militares, permitirles que abandonaran el lugar y regresaran a Nueva York. Se equivocaban trágicamente.

LA GUERRA ENTRE ESTADOS[2]

El 15 de abril de 1861, Lincoln declaró que los estados secesionistas habían incurrido en el delito de insurrección. En esas circunstancias, el uso de la fuerza era totalmente lícito y, dado que el ejército de la Unión tan sólo contaba con dieciséis mil hombres, Lincoln solicitó en una reunión especial del Congreso celebrada el 4 de julio la leva de setenta y cinco mil soldados más que servirían en calidad de voluntarios[3] por un período de tiempo de tres meses. El presidente apeló a los ciudadanos leales «para que favorecieran, facilitaran y ayudaran este esfuerzo por mantener el honor, la integridad y la existencia de nuestra Unión Nacional, y la perpetuidad del gobierno popular».[4] En otras palabras, Lincoln consideraba que la finalidad de la guerra era preservar la unión de la nación, pero también la supervivencia de la democracia.

El paso dado por Lincoln para aumentar las fuerzas militares tuvo una inmediata respuesta en los estados esclavistas. El 17 de abril, Virginia se separó de la Unión. Fue seguida por Arkansas, el 6 de mayo; Tennessee, el 7 de mayo y Carolina del Norte, que ahora estaba rodeada de estados secesionados, el 20 del mismo mes. Quedaba por decidir la situación de cuatro estados esclavistas, Missouri,

Kentucky, Maryland y Delaware. Delaware había votado ya el 3 de enero de 1861 por la permanencia en la Unión y no tenía la menor intención de cambiar de postura. Kentucky mantendría su neutralidad durante unos meses, pero durante el mes de diciembre Lincoln se pudo felicitar porque permanecía «decidida e inalterablemente» en la Unión. En cuanto a Missouri, se vio ensangrentado por su propia guerra civil ocurrida en el seno de un conflicto mayor.

Por lo que se refería a los recientemente creados estados confederados, Virginia no tardó en convertirse en el dirigente. De hecho, el 21 de mayo de 1861, la capitalidad se trasladó de Montgomery, Alabama, a Richmond, Virginia, donde permanecería en adelante. El 20 de julio de aquel mismo año, la ciudad virginiana acogería al Congreso de la nueva nación.

El establecimiento de la capitalidad en Virginia podía tener cierta lógica histórica, pero también presentaba otra peculiaridad, y es que las dos capitales enemigas se hallaban separadas tan sólo por unos ciento sesenta kilómetros, un factor que influiría notablemente en la marcha de la guerra. Sin embargo, la repercusión militar de la secesión de Virginia posiblemente fue más importante por otra razón: el origen virginiano de algunos de los mejores militares norteamericanos, entre los que destacaba Robert E. Lee.[5] Por supuesto, Lincoln habría deseado mantenerlo al servicio de la Unión y, dado que en aquella época Lee se encontraba destinado en Texas, se le ordenó viajar a Washington para ofrecerle el mando supremo del ejército.

El rechazo de Lee al ofrecimiento de convertirse en el general en jefe de las fuerzas unionistas, así como el abandono de buen número de oficiales experimentados, colocó a las tropas de Lincoln en una situación nada envidiable. No era, por desgracia, para la Unión la única desventaja en relación con los esclavistas.

El 20 de mayo de 1861, la Confederación alcanzó su máxima extensión territorial, lo que permitía analizar con cierta facilidad los medios con que contaban ambos beligerantes y las posibilidades de éxito que estaban a su alcance. La unión de Virginia, Arkansas, Tennessee y Carolina del Norte a la Confederación, de hecho, incrementó el territorio de ésta en un tercio y casi duplicó su población y sus recursos económicos. En su conjunto, la Confederación formaba una entidad política que doblaba en extensión a cualquiera de las mayores naciones europeas, con la única excepción de Rusia. Por si fuera poco, el Sur contaba de momento con más medios para afrontar un esfuerzo bélico que la Unión.

De entrada, un número importante de oficiales había dejado las filas de la Unión para sumarse a los secesionistas. A R. E. Lee, T. J. Jackson y J. E. Johnston se podían así sumar los nombres de jefes tan brillantes como Albert Sidney Johnston, Pierre G. T. Beauregard, J. E. B. «Jeb» Stuart, A. P. Hill o James Longstreet. Todos y cada uno de ellos eran mandos experimentados que habían estado en activo durante los años anteriores, a diferencia de lo que sucedería con los oficiales de la Unión, y que darían buena muestra de lo que eran capaces en los años venideros.

En cuestión de armamento, las fuerzas confederadas se habían apoderado de las armas, municiones y equipo de los arsenales y puestos militares de la Unión. Por añadidura, habían realizado numerosas compras en el exterior, con lo que sus fuerzas se hallaban mucho mejor dotadas en la primavera de 1861 que las de la Unión. También eran mejores las vías de comunicación de que disponía el Sur. No se trataba sólo de que su territorio presentaba una extensión homogénea, sino de que además contaba con vías de ferrocarril y, muy especialmente, con ríos largos y navegables que no sólo agilizaban enormemente las necesidades de transporte, sino que potencialmente podían facilitar una guerra a la defensiva.

La tropa sureña era, como sucedía con los mandos, también superior a la de la Unión. La mayoría de los muchachos de los estados esclavistas sabía montar y disparar; en el caso de las clases más humildes, porque a ello les obligaba la vida del campo y en lo que a las clases privilegiadas se refiere, porque al recaer el trabajo en los esclavos podían permitirse el lujo de entregarse a pasatiempos como la caza y el tiro con armas de fuego. En acusado contraste con esa situación, los soldados del Norte procedían en su aplastante mayoría de las ciudades y las fábricas —¡cuando no de la inmigración europea!—, y tenían que aprender desde el principio y con dificultad habilidades que para los sureños eran naturales desde la infancia.

A pesar de todo, la Unión contaba también con algunas bazas notables a su favor. La primera de ellas era la superioridad demográfica. El Norte tenía veinte millones de habitantes frente a los seis millones de blancos y tres millones de esclavos negros del Sur.

De manera similar, el poder industrial de la Unión era muy superior al de los estados esclavistas, mientras que el Sur sólo tenía un fábrica, la Tredegar Iron Works de Richmond, para conseguir armamento pesado. Por lo que se refiere a la marina, la superioridad de la Unión era innegable. A todo ello se sumaría un factor de enorme relevancia: la fe de Lincoln.

Bull Run[6]

El domingo 21 de julio, tuvo lugar la primera batalla relevante de la guerra entre los estados. De manera bien significativa, el enfrentamiento recibiría un nombre distinto para cada bando. Para la Unión sería la primera batalla de Bull Run; para los confederados, la de Manassas. Tras ir a la iglesia, como tenía por costumbre desde su llegada a Washington, Lincoln regresó a la Casa Blanca y pidió alguna información sobre el desarrollo del combate. Supo así que los dos ejércitos habían entablado combate en las orillas boscosas del Bull Run y que las fuerzas unionistas estaban ganando terreno. Sin embargo, al fin y a la postre, las tropas confederadas se impusieron. Con esa victoria en la mano, los confederados hubieran podido entrar en Washington. Si no lo hicieron fue porque la lluvia, que impedía la visibilidad y dificultaba las maniobras, les disuadió de continuar su avance. Cuando amaneció el martes, los federales ya se habían atrincherado en las alturas de Arlington y la toma de la capital se convirtió en punto menos que imposible.

Profundamente convencido de que Dios actúa en la Historia y de lo necesario de Su guía, Lincoln firmó en aquellos días, junto con Seward en calidad de Secretario de Estado, una resolución estableciendo un día nacional de ayuno y oración. La base para este tipo de acciones arrancaba directamente de la Biblia, pero también contaba con precedentes entre los Padres fundadores.[7] Desde luego, el texto de la resolución rezumaba el espíritu y el vocabulario de las Escrituras de una manera que puede resultar chocante para algunas personas en la actualidad, pero que es enormemente clarificadora para comprender el pensamiento de Lincoln:

Y puesto que nuestro bien amado país, en otro tiempo, por la bendición de Dios, unido, próspero y feliz, se ve ahora afligido por la división y la guerra civil, resulta particularmente apropiado que reconozcamos la mano de Dios en esta terrible visitación, y en apenado recuerdo de nuestras propias faltas y crímenes como nación y como individuos nos humillemos ante Él, y oremos pidiendo Su misericordia, oremos para que se nos libre un castigo ulterior, aunque pueda resultar justamente merecido; para que nuestras armas puedan ser bendecidas y hechas efectivas para el restablecimiento de la ley, del orden y de la paz, por todo lo largo y ancho de nuestro país; y para que el patrimonio inestimable de libertad civil y religiosa, conseguido bajo Su guía y bendición, por los esfuerzos y sufrimientos de nuestros padres, pueda verse restaurado en toda su excelencia original...[8]

Sin embargo, el hecho de que Lincoln fuera un hombre profundamente creyente no le distraía de examinar la situación también desde una perspectiva humana. De hecho, el día después de la batalla, convocó a Washington al general McClellan[9] y le confió la defensa de la capital. Sin embargo, Lincoln no tardaría en descubrir que sus graves problemas no se circunscribían a la amenaza que representaban las fuerzas confederadas.

CAPÍTULO 6

AMARGURA TRAS AMARGURA

LOS PESARES DE LA VIDA PRIVADA

A inicios de 1862, cuando la guerra se acercaba a su primer año y el resultado parecía aun más desfavorable a la Unión que en el momento de su estallido, la indecisión del conflicto no era el único problema con el que tenía que enfrentarse Lincoln. A diferencia de otros hombres, Lincoln no iba a hallar en su familia un apoyo para su difícil tarea. De hecho, su vida doméstica iba a ser en buena medida no un remanso de paz en el que descansar de sus cuitas, sino una fuente inagotable de pesadumbre. Estos problemas iban a derivarse en buena medida de su propia esposa Mary.

Aunque Mary Lincoln era una mujer de cierta educación y procedía de un medio social elevado, para buena parte de los estamentos privilegiados de Washington, tanto ella como su marido no eran sino un matrimonio de pueblerinos del oeste hacia los que no había que mostrar mucha deferencia. Por supuesto, no todos desconocían de tal manera los antecedentes de Mary Lincoln como para verla de esa manera, pero el hecho de que supieran cuáles eran sus verdaderos orígenes no pocas veces tuvo peores consecuencias. Por ejemplo, los que simpatizaban en mayor o menor medida con los aristócratas sureños no dudaban en considerarla una mujer que había traicionado a su clase social, mientras que los que experimentaban una razonable aversión hacia los estados esclavistas dudaban de la sinceridad de su lealtad a la Unión. De ahí a considerarla una traidora o incluso una espía apenas mediaba un paso, y se dio con tanta firmeza que una comisión de investigación del Congreso se vio obligada a examinar la realidad de esas acusaciones. El resultado fue claramente exculpatorio, pero, previamente, el propio Lincoln tuvo que comparecer ante la comisión para exponer las razones que demostraban la total inocencia de su esposa.

Aparte de su origen social, Mary Lincoln presentaba una serie de características que, a pesar de relacionarse en ocasiones con la mejor de las voluntades, desde luego, no contribuyeron a hacer fácil la vida de su marido. Una de ellas fue su poca discreción a la hora de opinar sobre los demás, pero aun más delicado fue el uso que la señora Lincoln daba al dinero. El salario presidencial era en aquella época de veinticinco mil dólares y, unido a las cantidades adicionales que se entregaban para el mantenimiento de la Casa Blanca, constituía una cifra notable que hubiera hecho sentirse segura financieramente a cualquier persona. Sin embargo, Mary Lincoln padecía de una enorme inseguridad psicológica relacionada con el dinero que, entre otros síntomas, se manifestaba en un deseo compulsivo de gastar. Esa peculiaridad fue un semillero de dificultades para el presidente. Con todo, la situación privada más amarga sufrida por Lincoln en esa época fue la enfermedad de su hijo Willie.

En el curso de una recepción seguida de baile que tuvo lugar en la Casa Blanca a inicios de 1862, Lincoln tuvo que padecer la angustiosa situación de tener que mostrarse educadamente amable con los invitados al mismo tiempo que su hijo Willie yacía devorado por la fiebre en su habitación. Durante aquella mañana, el presidente había pasado un buen rato cogiendo las manos del niño, que ardían por la temperatura, y esa misma noche tanto él como su esposa se escaparon varias veces para examinar personalmente la evolución de la dolencia de Willie. Se trataba sólo del principio.

A lo largo de las noches siguientes, Lincoln cruzaría repetidas veces en camisón y zapatillas los pasillos de la Casa Blanca para comprobar el estado de salud del pequeño. El 20 de febrero, hacia las cinco de la tarde, mientras John Nicolay, uno de los secretarios de Lincoln, descansaba medio adormilado en uno de los sofás del edificio, escuchó cómo se cerraba suavemente la puerta y, al desperezarse, comprobó que ante él se encontraba la figura del presidente. La voz de Lincoln se quebró al decirle que su hijo acababa de morir. Luego rompió a llorar y entró en su oficina.

Como en otras experiencias amargas de su vida, Lincoln intentó superarla sobre la base de su fe en Dios. Cuando depositó el cadáver del niño en un nicho prestado en el cementerio de Oak Hill, en Georgetown, exclamó: «Mi pobre muchacho. Dios le ha llamado a casa. Sé que se encuentra mucho mejor en el cielo, pero le queríamos mucho. Es duro, realmente duro el tenerle muerto».[1]

Peor fue la reacción de la madre. Durante las horas siguientes, mientras Lincoln hablaba con su hijo Tad en su despacho intentando explicar al pequeño lo que había sucedido, la primera dama fue presa de un ataque de histeria. Las prolongadas noches sin dormir habían ido minando una psicología ya sometida a acoso y no demasiado sólida. En realidad, tras la muerte de Willie nunca volvió a recuperar el equilibrio psíquico.

La muerte de Willie acentuó todavía más el carácter espiritual de la mentalidad de Lincoln. Rebecca Pomeroy, la institutriz de Willie y Tad, comentaría con posterioridad como el presidente le había confesado que agradecía mucho las oraciones que en aquellos momentos especialmente dolorosos otros estaban pronunciando por él:

Deseo que oren por mí. Necesito sus oraciones. Intentaré acudir a Dios con mis pesares ... Tuve una buena madre cristiana y sus oraciones me han seguido a lo largo de toda mi vida.[2]

No se limitó desde luego a solicitar la intercesión de los demás. Él mismo, a pesar de las desazones relacionadas con la guerra y las tareas de gobierno, se entregó más asiduamente que nunca a prácticas como la oración o la lectura de la Biblia. Como señala Ida Tarbell:

> Desde entonces se le veía a menudo con la Biblia en la mano y se sabe que oraba con frecuencia. Su relación personal con Dios ocupaba mucho su mente.[3]

Aquella costumbre de orar habitual y diariamente no dejó de llamar la atención de personajes como John Nicolay, uno de sus secretarios, o de Noah Brooks y, desde luego, era conocida por las personas que frecuentaban la Casa Blanca. También se sabe que acudía con cierta regularidad a los cultos de oración que la iglesia celebraba a mitad de semana. Ciertamente, no debió de ser un consuelo pequeño con los tiempos que corrían.

LA INDECISIÓN DE MCCLELLAN

Sucediera lo que sucediera en su vida privada, y ciertamente no puede decirse que fuera un camino de rosas, Lincoln debía dirigir la marcha de la guerra y hacerlo de la mejor manera. De momento, su mayor problema era intentar que McClellan —al que había nombrado con la esperanza de que cambiara el curso dramático de la guerra a favor de las tropas de la Unión— entrara en acción. Para obligarlo, Lincoln firmó el 27 de enero de 1862 la Orden General de Guerra Número Uno, en virtud de la cual se establecía que todos los ejércitos debían avanzar de manera conjunta en una fecha que no sobrepasara el 22 de febrero. Cuatro días más tarde, una orden especial de guerra indicaba que el ejército del Potomac debía avanzar hacia Richmond, la capital confederada, por Manassas con el mismo día como límite. Las órdenes eran bastante claras, pero McClellan encontró la manera de enfrentarse con ellas alegando que existían rutas mejores para llevar a cabo aquel cometido.

En paralelo a la exasperante indecisión de McClellan, el 6 de febrero de 1862, el general Ulysses Simpson Grant,[4] que actuaba a las órdenes de Halleck, había obligado a los confederados a abandonar Fort Henry, a las orillas del río Tennessee, y una semana más tarde, mientras avanzaba hacia Cumberland, se había apoderado de Fort Donelson capturando casi catorce mil prisioneros. La pérdida de aquellos fuertes obligó al general confederado Johnston a retirarse de buena parte de Tennessee y Grant pudo tomar Nashville, la capital del estado, el 25 de febrero.

Grant, ciertamente, era un militar muy distinto de McClellan. Ansiaba combatir y no retrocedía ante los reveses. Además, parecía tener claro que la victoria sólo podría lograrse derrotando al adversario y no perdiendo el tiempo con conversaciones.

Durante los meses siguientes, mientras McClellan encontraba todo tipo de excusas para no enfrentarse con unas fuerzas sureñas inferiores en número, las victorias de la Unión estuvieron prácticamente reducidas a las acciones de Grant en el oeste. De hecho, Grant remontó el río Tennessee y acampó en Pittsburg Landing, cerca de la frontera de Mississippi, con sus avanzadas cerca de Shiloh Church donde obtuvo una cruenta aunque innegable victoria.

En paralelo, McClellan fracasó en la denominada Campaña de la Península y los confederados demostraron unas excepcionales dotes militares en la campaña del valle del Shenandoah. Esta circunstancia tendría un efecto muy negativo sobre una medida en la que Lincoln llevaba pensando ya un tiempo.

El 22 de julio, Lincoln celebró una reunión del gabinete en el curso de la cual leyó un documento que traía preparado. Se trataba de una proclama mediante la que se decretaba la emancipación de los esclavos que se encontraran en los estados rebeldes. Lincoln señaló a los miembros de su gabinete que su decisión estaba tomada, pero que estaría encantado de recibir sugerencias.

Seward le indicó que estaba de acuerdo con la medida, pero que no consideraba que aquel fuera el momento propicio dada la difícil situación militar. De adoptarse tal medida, daría la sensación de que el gobierno de Estados Unidos se hallaba agotado y sólo contaba como último recurso con «Etiopía». Las palabras de Seward fueron apoyadas por el resto de los miembros del gabinete y Lincoln optó por guardarse el documento en el bolsillo. Aunque no le agradara, no se podía negar que la situación militar obligaba a ser muy prudente en una cuestión tan delicada como la de los negros.

Desde luego, la marcha de la guerra distaba mucho de ser halagüeña. El general Lee batió a los soldados de la Unión en la segunda batalla de Bull Run o Manassas y no se trató de un revés más. De hecho, las derrotas en la campaña de la Península y en la segunda batalla de Bull Run habían llevado a Gran Bretaña a pensar que la Unión era incapaz de imponerse en el campo de batalla y que sería conveniente ofrecerse como mediadora entre ambos bandos. Semejante posibilidad únicamente podía beneficiar a la Confederación, que vería reconocida internacionalmente su situación de nación beligerante e independiente. Para forzar la llegada de esa coyuntura tan favorable, los sureños necesitaban una nueva victoria que llevara a Gran Bretaña a inclinarse definitivamente en esa dirección. Fue así como Lee concibió el proyecto de invadir Maryland, penetrando así en el territorio de la Unión.

ANTIETAM

Aunque las fuerzas confederadas habían experimentado pérdidas considerables en los meses anteriores, Lee descansaba en dos factores de enorme importancia para contemplar con optimismo la nueva ofensiva. El primero era la simpatía de la población de Maryland, que supuestamente podría sublevarse y unirse a la Confederación, aislando así Washington; el segundo, que las fuerzas de la Unión seguían al mando de McClellan, un general al que Lee se consideraba capaz de vencer en cualquier enfrentamiento.

Fue así como, mientras McClellan se dedicaba a reorganizar el ejército del Potomac, Lee cruzaba esta corriente y penetraba en el territorio de la Unión con la intención de decidir de una vez por todas el curso de la guerra.

El 7 de septiembre, Lee se encontraba en Frederick, Maryland, a unos sesenta y cinco kilómetros al noroeste de Washington. McClellan mientras tanto ordenó que su ejército avanzara hacia el noroeste, procurando mantenerlo siempre entre la fuerzas de Lee y la capital. Actuaba con su lentitud habitual y cuando el 13 de septiembre alcanzó la localidad de Frederick, Lee ya la había abandonado.

Sin embargo, la torpeza proverbial de McClellan provocó en Lee un imprudente exceso de confianza. Mientras la población de Maryland distaba mucho de sumarse a los confederados —¿por qué iba a desear entrar en una guerra sangrienta que hasta ese momento se había librado fuera de su territorio?—, Lee decidió multiplicar sus éxitos de manera espectacular y con tal finalidad dividió sus fuerzas en cuatro contingentes. De haber salido bien el plan de Lee, la Unión hubiera cosechado una derrota tras otra sin que el indeciso McClellan reaccionara adecuadamente. Si se malogró, se debió únicamente a un golpe de suerte de los que la Historia no anda tan escasa como podría pensarse a primera vista.

Las órdenes de Lee fueron utilizadas por un oficial confederado para envolver sus cigarros. Cuando Lee abandonó Frederick, el oficial olvidó los cigarros y los papeles que los protegían, que cayeron en manos de unos soldados de la Unión. Enviados a McClellan, los documentos permitieron al general unionista saber que las fuerzas de Lee marchaban peligrosamente divididas y, por añadidura, dónde se hallaban. Si McClellan hubiera sido un general de comportamiento normal habría atacado inmediatamente a los distintos contingentes confederados aniquilándolos uno tras otro y poniendo fin a la invasión. Sin embargo, McClellan perdió dieciséis preciosas horas reflexionando sobre el paso que debía dar. Esta demora permitió que Lee supiera que el general enemigo tenía sus planes de batalla y que intentara unirse con «Stonewall» Jackson, al que se había ordenado apoderarse de Harpers Ferry.

Los confederados no habían terminado de realizar su conjunción —aunque «Stonewall» Jackson ya había tomado Harpers Ferry y capturado once mil prisioneros— cuando, finalmente, McClellan estableció contacto con el enemigo. El choque se produjo el 17 de septiembre de 1862 en el Antietam,[5] un arroyo que se dirigía hacia el sur para desaguar en el Potomac, a unos veintiocho kilómetros al oeste de Frederick. Las fuerzas sureñas se desplegaron en torno a la localidad de Sharpsburg, situada al oeste del arroyo, lo que explica el nombre con el que se conoce la batalla en los relatos confederados.

En teoría, McClellan, que disponía de setenta mil hombres frente a los treinta y nueve mil del ejército confederado, tendría que haberse alzado con la victoria. La verdad, sin embargo, es que cometió un error militar tras otro. En ningún momento utilizó a la totalidad de sus fuerzas ni tampoco realizó ninguna coordinación de sus unidades. El resultado fue que un tercio de sus efectivos, que podrían haber sido decisivos, no llegaron a entrar en combate. Frente a semejante despliegue de incompetencia militar, Lee obligó a sus hombres a desplazarse por toda la línea del frente de tal manera que cada vez que tuvieran que enfrentarse con un ataque unionista no se hallaran en inferioridad numérica.

Cuando descendieron las sombras de la noche sobre el campo de batalla, Lee había conseguido detener el empuje de las fuerzas de McClellan, pero el coste había sido extraordinario. En el curso de la jornada más cruenta de toda la guerra civil, Lee perdió trece mil setecientos hombres, frente a las doce mil trescientas cincuenta bajas de la Unión. Proporcionalmente, los confederados habían tenido el doble de pérdidas que sus adversarios y por eso no resulta en absoluto extraño que Lee decidiera retirarse hacia Virginia.

El ejército confederado se hallaba tan malparado que cualquier general hubiera emprendido su persecución para aniquilarlo. Naturalmente, McClellan era la excepción a ese tipo de comportamientos y Lee, que lo sabía sobradamente, se permitió no abandonar el campo de batalla durante todo el día 18. Ese gesto que le habría costado enormemente caro frente a otro adversario sirvió para reparar siquiera en parte las heridas experimentadas por el orgullo sureño.

Los rebeldes se apresuraron a presentar la batalla de Antietam como una victoria o, al menos, como un encuentro en tablas. La realidad fue muy distinta. De entrada, la invasión había concluido con un fracaso enormemente costoso. Además, el objetivo principal de la ofensiva, el reconocimiento de la Confederación por parte de Gran Bretaña, tampoco fue alcanzado. Los confederados vieron así alejarse cualquier posibilidad de que su independencia obtuviera el indispensable respaldo internacional. No resulta extraño que Lincoln considerara Antietam como una victoria y que esa convicción le llevara a dar uno de los pasos más trascendentales de todo el conflicto.

CAPÍTULO 7

LA GUERRA
CAMBIA DE SIGNO

La emancipación

La batalla de Antietam y la retirada ulterior del ejército de Lee tuvieron una repercusión directa sobre una de las grandes cuestiones morales relacionadas con la guerra entre los estados, en concreto, la de la esclavitud. La opinión pública del Norte se hallaba dividida entre los abolicionistas radicales, que consideraban demasiado timorato el rumbo seguido por Lincoln, y los moderados, en algún caso incluso simpatizantes de los sureños, que consideraban intolerable cualquier medida que pretendiera eliminar la esclavitud en aquellos estados donde era legal.

A medida que avanzaba la guerra, los oficiales del ejército de la Unión comenzaron a pedir información sobre el comportamiento que debían seguir para con los negros que afluían a sus campamentos. La ley de confiscación de 6 de agosto de 1861 otorgó la libertad a los esclavos que hubieran sido utilizados a favor de la rebelión sureña. Pero ¿qué debía hacerse con los esclavos huidos que pertenecían a dueños que seguían siendo fieles a la Unión y que vivían en los estados fronterizos o con los esclavos que pertenecían a los estados sureños y que habían huido o se habían visto abandonados por sus amos?

Aunque Lincoln sentía una repugnancia profunda hacia la esclavitud, no era menos cierto que había dado su palabra a los estados de Kentucky, Missouri, Maryland y Delaware de que no atacaría la esclavitud en ellos y que tenía intención de cumplirla. De esa manera, mientras los radicales protestaban airadamente, las cárceles de la Unión se llenaron de negros a los que se aplicó la ley del esclavo fugitivo y que esperaban que sus amos acudieran a reclamarlos.

Sin embargo, a Lincoln no se le escapaba lo insostenible de esa situación e intentó salir de ella mediante diversos recursos que no le llevaran a romper su palabra ni tampoco a pasar por alto un compromiso humanitario e incluso espiritual. Así, a la vez que lograba que el Congreso reconociera las repúblicas negras de Haití y Liberia, el 6 de marzo de 1862 recomendó que se adoptara una resolución ofreciendo ayuda económica a cualquier estado que pusiera en marcha medidas encaminadas a una emancipación gradual y con indemnización de los esclavos negros. Al esperar que semejante medida fuera promulgada por los congresos de los estados fronterizos, Lincoln se mantenía fiel a su palabra de no intervenir en el asunto desde el ejecutivo y respetaba la autonomía estatal para dar ese paso. Desde su punto de vista, si los estados fronterizos aceptaban la propuesta, era posible que la guerra se acortara, porque los rebeldes sureños comprenderían que no podían esperar nuevas adhesiones. De acuerdo con sus cálculos, un millón de dólares, la mitad del coste de un día de guerra, podría comprar a todos los esclavos de Delaware a cuatrocientos dólares por cabeza. Una cantidad inferior a la de tres meses de conflicto armado podría a su vez servir para liberar a todos los negros del distrito de Columbia sujetos a la esclavitud.

El 10 de marzo, el mismo día que Lincoln se entrevistó con congresistas de los estados fronterizos para explicarles su proyecto, la propuesta de emancipación con indemnización fue presentada ante el Congreso. Consiguió pasar en el Congreso y el Senado por una amplia mayoría conjunta de republicanos y demócratas, pero no obtuvo un solo voto de los demócratas pertenecientes a los estados fronterizos. En paralelo, el Congreso aprobó una ley que abolía de manera gradual y compensada la esclavitud en el distrito de Columbia y financiaba el envío de colonos negros a Haití y Liberia.

El 9 de mayo, el general David Hunter, que estaba al mando del Departamento del Sur, anunció que todos los esclavos de Georgia, Carolina del Sur y Florida eran liberados. La medida era lógica, pero chocaba frontalmente con los procedimientos legales adecuados y Lincoln la revocó. No obstante, al dar ese paso, que levantó la ira de los radicales, el presidente volvió a apelar a los congresistas de los estados fronterizos para que sus congresos respectivos aceptaran la idea de una emancipación de los esclavos mediante indemnización.

A pesar de todo, a esas alturas Lincoln estaba tan impregnado de la idea de que la guerra no era sólo un conflicto para preservar la unión y la democracia, sino también para ventilar cuestiones morales que entraban de lleno en el área de la trascendencia, que se fue despegando del temperamento legalista que le había caracterizado hasta entonces. Así, cuando el Congreso, en contra de la doctrina establecida por el Tribunal Supremo en la sentencia Dred Scott, prohibió a los comandantes militares devolver a los esclavos de amos rebeldes a la Unión, Lincoln estampó su firma al pie del documento sin dudarlo.

Lincoln era consciente de que estos avances, a pesar de su importancia, no dejaban de ser medidas parciales que sólo podrían consumarse con la abolición completa de la esclavitud. A pesar de todo, la marcha de la guerra no le había permitido de momento ir más allá. Los estados fronterizos, a los que por tercera vez había instado a aprobar una ley de emancipación, no respondieron a sus súplicas y su propio gabinete se opuso a su Proclama de Emancipación alegando razones de oportunidad política nada despreciables.

El 22 de septiembre de 1862, el gabinete del presidente Lincoln se encontraba reunido en una sesión convocada para tratar un tema de especial gravedad acerca del cual el presidente deseaba recibir asesoramiento. La decisión que el presidente deseaba tomar era la de proceder a la emancipación de los esclavos que se encontraban en territorios que en esos momentos se mantenían aún en situación de rebeldía frente a la Unión. La noticia causó una enorme sorpresa, por no decir perplejidad y desconcierto, a los presentes, y, una vez que Lincoln hubo concluido su exposición,

Salmon Chase, el Secretario del Tesoro, le rogó que volviera a exponerles la situación. Lincoln accedió a la petición de Chase y, a medida que avanzaba en su nueva explicación, su tono de voz fue adquiriendo un timbre más solemne. Señaló que, como todos sabían, la esclavitud tenía una enorme relación con la guerra que se estaba librando y que tan sólo unas semanas antes había redactado una orden de emancipación que había leído al gabinete y que, finalmente, no había promulgado ante la oposición de sus miembros. A pesar de todo, su mente había estado muy ocupada con el tema a la espera de que llegara el tiempo para llevar a cabo la decisión indicada. Ese momento ya había llegado, aunque el presidente Lincoln reconoció que habría preferido otro mejor y también que el paso se diera en mejores condiciones. A continuación, explicó que, cuando el ejército rebelde se hallaba en Frederick, había adoptado la determinación de que una vez que fuera expulsado de Maryland firmaría la Proclama de Emancipación. No había compartido esa cuestión con nadie, pero se había hecho la firme promesa de actuar de esa manera ante sí mismo y para con su «Hacedor».[1] Finalmente, como indicaría Francis Carpenter, un testigo ocular, Lincoln remató sus palabras subrayando la razón de la decisión que acababa de tomar:

Hice un voto solemne ante Dios, de que si el general Lee era obligado a retirarse de Pennsylvania, yo coronaría el resultado mediante la declaración de libertad de los esclavos.[2]

Como registraría en su diario el Secretario de Marina, Gideon Welles, Lincoln no había vacilado en reconocer ante sus ministros que «había ocasiones en que se sentía inseguro acerca de la manera en que debía actuar». En momentos como ésos, sometía la situación a Dios y, desde luego, «Dios había decidido esta cuestión a favor del esclavo». Por esa razón, su decisión estaba ya tomada y lo que deseaba no era el consejo del gabinete sobre su conveniencia, sino sobre la mejor manera de redactarla formalmente.[3]

Se pensara lo que se pensara del papel que Dios podía haber representado en la inamovible decisión presidencial, lo que no podía negarse era ni su convicción ni tampoco el importante giro que había adoptado en su trayectoria política. Tan sólo un mes antes, el *Tribune* había publicado una carta de Lincoln dirigida al director donde expresaba cuál era su objetivo político. La misiva en cuestión era una respuesta a un artículo de Horace Greeley titulado «La oración de veinte millones», en el que el conocido escritor pedía que se procediera de manera inmediata a la emancipación de los esclavos. La respuesta de Lincoln difícilmente podía haber sido más reveladora:

Mi objetivo fundamental en esta lucha *es* salvar la Unión y *no* es ni salvar ni destruir la esclavitud. Si pudiera salvar la Unión sin liberar *ningún* esclavo lo haría, y si pudiera salvarla liberando a *todos* los esclavos lo haría; y si pudiera salvarla liberando a algunos y dejando a otros, también lo haría. Lo que hago en relación con la esclavitud, y la raza o color, lo hago porque creo que ayuda a salvar a la Unión; y lo que soporto, lo soporto porque *no* creo que ayudaría a salvar la Unión. Haré *menos* siempre que crea que lo que hago perjudica la causa, y haré más siempre que crea que hacer *más* ayudará a la causa. Intentaré corregir los errores siempre que se demuestre que son errores; y adoptaré nuevos puntos de vista tan pronto como quede de manifiesto que son puntos de vista veraces.

He señalado aquí mi propósito según el punto de vista de mi cargo *oficial*; y no pretendo llevar a cabo ninguna modificación de mi deseo *personal* expresado tan a menudo de que todos los hombres en todas partes puedan ser libres.[4]

Tres semanas después de la publicación de la carta, Lincoln fue abordado por dos clérigos que le entregaron un memorial redactado en el curso de una reunión masiva de cristianos de todas las denominaciones celebrada en Chicago. Lincoln conversó con los dos hombres, el documento pedía la inmediata emancipación de los esclavos, y en el curso de la entrevista no dejó de manifestar su malestar ante lo que le parecía una simplificación excesiva de un problema ciertamente complejo:

La gente se me acerca con las opiniones y el consejo más opuestos. Se trata de una conducta procedente de hombres religiosos que están igualmente seguros de que representan la voluntad divina. Estoy seguro de que o unos u otros están equivocados en esa creencia y quizá en cierto sentido lo estén ambos. Tengo la esperanza de que no será una irreverencia que les diga que si es probable que Dios revele su voluntad a otros en una cuestión tan conectada con mi deber, podría suponerse que me lo revelara a mí directamente; porque a menos que me encuentre más engañado en mí mismo de lo que lo estoy a menudo, es mi mayor deseo conocer la voluntad de la Providencia en esta cuestión. *Y si puedo averiguar cuál es, ¡la haré!* Sin embargo, éstos no son días de milagros, y supongo que se me concederá el que no vaya a esperar una revelación directa. Tengo que estudiar los hechos simples y físicos del caso, comprobar lo que es posible y averiguar lo que es sabio y correcto. La cuestión es difícil y los hombres buenos no se ponen de acuerdo.[5]

Durante los minutos siguientes, el presidente explicó a los dos clérigos la división que existía en el seno de su propio partido al respecto, a pesar de ser mayoritariamente antiesclavista, y la creencia que tenía en que también el enemigo era sincero cuando elevaba sus oraciones a Dios. A continuación, había analizado los pros y los contras de las diversas posibilidades y solicitado a los clérigos que los comentaran, una sugerencia que derivó en una hora de animada discusión. Antes de despedirse de ellos, Lincoln les expresó su deseo de no haber «herido sus sentimientos en ningún sentido» y dijo:

Puedo asegurarles que la cuestión ocupa mi mente, día y noche, más que ninguna otra. Lo que resulte la voluntad de Dios, sea cual sea, la haré.[6]

Antes de que concluyera el mes, Lincoln celebró con su gabinete la reunión a la que hemos hecho referencia antes. Ya había tomado una decisión, y ésta no era otra que la emancipación de los esclavos en los territorios rebeldes. La causa de su cambio de parecer era, según confesión propia, la convicción de que, finalmente, Dios le había mostrado lo que tenía que hacer más allá de las opiniones de personas a las que consideraba profundamente religiosas, indudablemente sinceras e indiscutiblemente bienintencionadas, pero con puntos de vista opuestos.

La decisión venía a dejar de manifiesto de manera paradigmática el contenido de la presidencia de Lincoln y asimismo el carácter del presidente. A diferencia de lo recogido en posteriores hagiografías, no era ni un prodigio de resolución decidida ni un idealista dispuesto a llevar a buen término las utopías con las que soñaba. En realidad, Lincoln puede ser calificado con mucha mayor justicia de indeciso, inseguro e incluso de anteponer su pragmatismo y su sentido del deber en relación con su cargo a sus propias convicciones personales. Sin embargo, era

un convencido de la democracia y, especialmente, de la necesidad de infundir en ésta un nervio moral que sólo podía ser
inspirado por el propio Dios.

En el Sur, la proclama provocó una encolerizada réplica y en
las elecciones al Congreso de octubre y noviembre, mientras que
los republicanos radicales se enfrentaban frontalmente con Lincoln criticando con dureza el carácter, a su juicio excesivamente
moderado, de la proclama del presidente; los demócratas incidie-
ron en la supuesta inconstitucionalidad y necedad de la Proclama
de Emancipación, así como en el peligroso aumento de poderes
de la presidencia, que se había permitido el arresto de disidentes.
El resultado fue que los demócratas triunfaron en Nueva York,
Pennsylvania, Ohio, Indiana e Illinois, todos ellos estados que
habían sido favorables a Lincoln en 1860, logrando aumentar sus
escaños de cuarenta y cuatro a setenta y cinco.

LINCOLN Y LOS CUÁQUEROS

El 28 de septiembre de 1862, Lincoln mantuvo una entrevista
con una mujer singular llamada Eliza Gurney. Viuda del cuáquero inglés Joseph Gurney, Eliza acudió a la Casa Blanca y departió
con el presidente acerca de la búsqueda de la voluntad divina.
Ambos creían que lo importante no era obtener el apoyo de Dios
para los propósitos propios, sino más bien descubrir cuál era el
designio del Señor a fin de unirse a él.

Una vez que la señora Gurney y él concluyeron la entrevista, la mujer se puso de rodillas y pronunció una oración para solicitar que Dios concediera luz al presidente. La impresión de Lincoln sobre este encuentro se conservaría entre sus papeles y constituye en buena medida una confesión humilde de alguien que deseaba actuar de acuerdo con la voluntad de Dios, que ansiaba ver la conclusión de la guerra y que, enfrentado con las circunstancias existentes, tenía que reconocer que sólo le quedaba el camino de confiarse a Dios con fe:

Ciertamente estamos pasando a través de una gran prueba, de una prueba de fuego. En la posición de enorme responsabilidad en la que me hallo, siendo un humilde instrumento en las manos de nuestro Padre celestial, como lo soy yo y como lo somos todos, para llevar a cabo Sus grandes propósitos, he deseado que todas mis palabras y actos sean de acuerdo con Su voluntad, y para que así sea, he buscado Su ayuda, pero si después de entregarme a hacer lo mejor según la luz que Él me otorga, encuentro que mis esfuerzos fracasan, tengo que creer que por algún propósito desconocido para mí, así lo desea Él. Si por mí hubiera sido, esta guerra nunca habría comenzado; si todo hubiera sucedido según mis deseos, esta guerra ya habría concluido, pero nos encontramos con el hecho de que continúa y tenemos que creer que Él lo permite por algún sabio propósito Suyo, misterioso y desconocido

para nosotros; y aunque con nuestros entendimientos limita-
dos no podamos comprenderlo, no podemos sino creer que
Aquel que hizo el mundo todavía sigue gobernándolo.[7]

Lincoln sentía una enorme simpatía hacia los cuáqueros, no
tanto porque algunos de sus antepasados hubieran pertenecido a
esta denominación, sino más bien porque era consciente del dilema moral con el que tenían que enfrentarse al ser, al mismo tiempo, radicalmente antiesclavistas y pacifistas. Su abolicionismo era
conocido desde hacía más de tres siglos y su pacifismo constituía
una consecuencia de su deseo de obedecer de la manera más
literal el Sermón del Monte. A diferencia de lo sucedido en los
estados de la Confederación, durante toda la guerra, Lincoln se
ocupó de que no se molestara a los cuáqueros, bien eximiéndolos
del servicio de armas o consignándolos a servicios no combatien-
tes, como podían ser, por ejemplo, las unidades de sanitarios. Sin
embargo, es más que posible que la simpatía de Lincoln por esta
denominación procediera de la identificación que sentía con la
disyuntiva moral que les planteaba la guerra. En una carta posterior dirigida a Isaac Newton, un cuáquero amigo de la señora
Gurney, Lincoln expresaría precisamente este punto de vista:

Su gente, los Amigos,[8] han pasado, y están pasando, una gran-
dísima prueba. Por principios y fe, opuestos tanto a la guerra
como a la opresión, en la práctica sólo pueden oponerse a la

opresión mediante la guerra. En este duro dilema, algunos han escogido una alternativa y otros, la otra. Por lo que se refiere a aquellos que apelan a mí sobre la base de consideraciones de conciencia, he hecho y haré lo mejor que he podido y puedo, según mi conciencia, de acuerdo con mi juramento ante la ley. Que ustedes lo creen no lo dudo; y creyéndolo, seguiré recibiendo, para nuestro país y para mí mismo, sus fervorosas oraciones ante nuestro Padre que está en los cielos.

Su amigo sincero.

A. Lincoln[9]

En buena medida, Lincoln era presa del mismo dilema moral que sufrían los cuáqueros. Aunque no era pacifista, habría deseado acabar con la guerra e incluso que ésta no hubiera comenzado nunca. Sin embargo, ahora no tenía más remedio que continuarla precisamente porque la derrota sólo podía traducirse en un triunfo de la opresión y, muy posiblemente, en el final del sistema democrático. En medio de esa situación, ciertamente ingrata, Lincoln sólo podía hacer lo que estaban haciendo los cuáqueros: ser fieles a sus convicciones, combatir por la justicia y buscar la dirección del Todopoderoso para actuar de la manera que más se ajustara a Su voluntad.

También deseaba la reconciliación con los enemigos, según puede deducirse de un episodio que tuvo lugar el 4 de octubre.

Por la mañana, visitó a los soldados heridos en las cercanías de Antietam, incluyendo al general Israel «Fighting Dick» Richardson, que yacía en una granja, y expresó su deseo de encontrarse con los heridos confederados.

Lincoln entró en el hospital destinado exclusivamente a los heridos enemigos y al pasar entre ellos reparó en un joven de Georgia que estaba tendido sobre un humilde lecho. Pálido y demacrado, el muchacho se encontraba entre la vida y la muerte. El presidente lo observó, se acercó y le preguntó si sufría mucho dolor. «Sí», respondió, «He perdido una pierna y creo que me estoy muriendo de agotamiento». «¿Estaría usted dispuesto», preguntó Lincoln, «a que nos diéramos la mano si le dijera quién soy?». «En este lugar», respondió el herido, «no debería haber enemigos». Al escuchar aquellas palabras, el visitante dijo: «Soy Abraham Lincoln, el presidente de los Estados Unidos». Al escuchar aquellas palabras, el soldado alzó la mirada sorprendido y a continuación extendió su mano, que el presidente estrechó y sujetó durante unos instantes.

El 26 de octubre, Eliza Gurney, la cuáquera a la que nos hemos referido antes, celebró una reunión de oración en la Casa Blanca y Lincoln volvió a expresarle su inquietud por todo lo que estaba sucediendo. Le señaló así que debían creer que Dios permitía la guerra «por algún sabio propósito suyo, misterioso y desconocido para nosotros». Evitarla, hubiera deseado evitarla; una vez iniciada, sólo podía librarla hasta la victoria y haciéndolo tan sólo deseaba purificarla del resentimiento y combatirla de acuerdo con los propósitos de Dios. No iba a tratarse de una tarea fácil precisamente en aquellos momentos.

El problema negro

A pesar de la victoria de Antietam, meramente defensiva, la guerra no iba bien para la causa de la Unión. La situación tampoco mejoró cuando Lincoln destituyó al indeciso McClellan y nombró en su lugar a Burnside. De hecho, éste fracasó terriblemente en Fredericksburg, una derrota que no pudo ser ocultada ni siquiera por la victoria obtenida a final de año en Chattanooga. Por si todo lo anterior fuera poco, incluso se produjo una crisis interna en el gabinete de especial relevancia. Precisamente por todo ello causa admiración que Lincoln siguiera pensando de manera primordial en un problema moral como el que planteaba la población negra.

En el discurso dirigido al Congreso en diciembre se había referido al tema casi de pasada y para insistir en que el instrumento legal de la emancipación debía ser una enmienda constitucional que, en primer lugar, estableciera la indemnización en bonos del estado a favor de los estados que abolieran la esclavitud antes del año 1900; que, en segundo lugar, garantizara la libertad de los esclavos que se habían visto liberados como consecuencia de la guerra con una compensación para sus antiguos amos y que, por último, autorizara al Congreso la elaboración de planes de colonización realizados por libertos negros.

En el discurso, una de las mejores piezas oratorias que saldría de la boca de Lincoln, el presidente había señalado:

Los dogmas del tranquilo pasado son inadecuados para el tormentoso presente. La ocasión rebosa de dificultad y tenemos que colocarnos a la altura de la ocasión. Dado que nuestro caso es nuevo, de la misma manera tenemos que pensar de manera nueva y actuar de manera nueva ... así salvaremos nuestro país.

Después añadiría:

Al *dar libertad* a los *esclavos aseguramos* la libertad para los que son *libres*, y actuamos de manera honrosa tanto en lo que damos como en lo que conservamos. Salvaremos noblemente, o perderemos lastimosamente, la última y mejor esperanza de la Tierra. Otros medios podrían tener éxito; éste no podría fracasar. El camino es sencillo, pacífico, generoso, justo, un camino que, si es seguido, el mundo lo aplaudirá para siempre y Dios tiene que bendecirlo para siempre.[10]

En el texto de Lincoln, que muchos consideraron excesivamente moderado, se conjugaban algunos de los motivos más queridos por él. Por un lado, la necesidad de salvar la Unión y con ella la seguridad de que la democracia podía ser posible incluso cuando se enfrentaba con una peligrosa amenaza armada y, por otro, la obligatoriedad de llevar a cabo las reformas por la vía legal y procurando no causar daño a nadie. Finalmente, la apelación a unos principios morales superiores que se relacionaban directamente con Dios y cuyo seguimiento resultaba indispensable no sólo para la supervivencia de la nación, sino también para el resto del mundo, que podría comprender cómo la democracia basada en pilares éticos era la «última y mejor esperanza de la Tierra».

El día 1 de enero de 1863, Lincoln decretó que todos los esclavos residentes en los estados esclavistas quedaban liberados. Sin embargo, Lincoln no deseaba crear una animadversión excesiva frente a la medida que fortaleciera el deseo de resistencia de los rebeldes. Así, quedaron excluidos de la proclamación los distritos de Louisiana que habían elegido representantes en el Congreso; el estado de Tennessee, donde el gobernador Johnson había llevado a cabo una restauración del gobierno civil; dos condados de la orilla oriental de Virginia; algunos en torno a Norfolk y Fortress Monroe, donde las fuerzas de la Unión ejercían su control, y los de Virginia Occidental que iban a ser admitidos como estados.

Sin duda, una sublevación de esclavos podía haber tenido un efecto terrible sobre el Sur, pero Lincoln no estaba dispuesto a asolar a su adversario con una perspectiva que ocupaba sus peores pesadillas desde hacía décadas. Sí ofreció, por el contrario, un lugar en las filas del ejército de la Unión a todos los negros que lo desearan.

Al final del documento, Lincoln estampó cuidadosamente la firma con el deseo de que no registrara ningún signo de temblor que llevara a pensar que lo había suscrito con miedo o sin convicción. Por encima de su nombre y apellido, figuraba la invocación del «juicio considerado de la humanidad y el favor misericordioso de Dios Todopoderoso».

GETTYSBURG[11]

El año 1863 comenzó para la causa de la Unión bajo pésimos auspicios. La derrota de Burnside en Fredericksburg, un desastre que hundió a Lincoln en un inmenso pesar, tuvo como consecuencia inmediata su destitución. El 25 de enero de 1863, Joseph Hooker asumía el mando del ejército del Potomac. El plan que elaborarían Lincoln y Hooker correspondía en esencia a lo que el presidente había deseado que Burnside llevara a cabo y que consistía básicamente en una maniobra de diversión que dividiera las fuerzas confederadas y obligara a Lee a presentar batalla en inferioridad de condiciones. Así, a finales de abril, Hooker se encaminó hacia el sur con la intención de enfrentarse con las fuerzas sureñas. Pero, en mayo, fue derrotado clamorosamente en Chancellorsville. Lograda una victoria de esa envergadura, ¿qué camino debía tomar el general Lee? Longstreet, uno de sus subordinados más competentes, sugería que lo más adecuado era desplazarse hacia el oeste y allí batir al general unionista Rosecrans para evitar la presión que ejercía Grant.

Sin embargo, Lee veía la situación de una manera diferente. De entrada, no estaba seguro de que existiera la posibilidad de trasladar a su ejército al oeste, pero, sobre todo, temía dejar a Virginia, su estado natal, inerme frente a un ataque ulterior de la Unión. En la mente de muchos sureños se albergaba la esperanza de que si Lee conseguía asestar al enemigo otro golpe tan duro como el de Chancellorsville, los partidarios de la paz agitarían con la suficiente fuerza a la opinión pública como para llegar a un armisticio en el que, obviamente, se reconocería la independencia de los estados esclavistas. A fin de cuentas, la Unión ya no podía contar con nuevos voluntarios, Lincoln había tenido que anunciar un reclutamiento forzoso el 1 de marzo de aquel año, y los llamamientos a filas estaban desembocando con cierta frecuencia en disturbios. De hecho, se produjeron actos de resistencia en Illinois, Ohio, Wisconsin, Indiana, Missouri, Kentucky y la región carbonífera de Pennsylvania. Los episodios alcanzaron la categoría de verdadero motín en Boston, Troy y Newark.

Por otro lado, la baza internacional también parecía inclinarse ahora a favor de los rebeldes. El 7 de junio de 1863, un ejército francés había ocupado Ciudad de México. Si la Unión ganaba la guerra civil era dudoso que Napoleón III, jefe de estado a fin de cuentas de una potencia extranjera, pudiera mantenerse en

México. Precisamente por ello, era lógico pensar que apoyaría a la Confederación en su esfuerzo de guerra.

Todas estas circunstancias debieron pesar en el ánimo de Lee, que desplazó sus fuerzas hacia el oeste y luego en dirección norte para alcanzar el fértil valle del Shenandoah. En su flanco derecho se hallaba el contingente de caballería de «Jeb» Stuart, que no sólo impedía que la Unión se percatara de los movimientos de Lee sino que además cumplía con la misión de ser los ojos del ejército confederado.

Lincoln era dolorosamente consciente de que una victoria de las fuerzas confederadas en territorio de la Unión, podía causar tal impacto en la opinión pública que se produjera un final de la guerra en las condiciones que ansiaban los esclavistas. Acercarse a Richmond no alteraría esa circunstancia, mientras que sí lo haría el vencer a Lee. Precisamente por ello, ordenó a Hooker que localizara a las fuerzas de Lee y las derrotara.

La decisión de Lincoln fue totalmente acertada. Hasta entonces Lee había penetrado en el suelo de la Unión, pero siempre en estados fronterizos y esclavistas. Ahora, sus movimientos de tropas estaban cargados de mayor significado ya que, por primera vez, se realizaban en un estado libre, el de Pennsylvania.

Hooker no tardó en dar con Lee, que, privado de las fuerzas de caballería de «Jeb» Stuart, andaba a ciegas por territorio enemigo, amenazando sus líneas de comunicación y limitando su capacidad de maniobra. Sin embargo, la idea de enfrentarse con el general virginiano le sobrecogía y el 28 de junio cursó su dimisión. En su lugar, Lincoln nombró a George Gordon Meade, un general que, curiosamente, había nacido en la ciudad española de Cádiz.

Meade, que contaba con un historial militar, si no brillante, al menos sólido, procuró mantener su ejército entre las tropas de Lee y la ciudad de Washington. Así, dio comienzo una serie de maniobras por ambas partes en virtud de las cuales los dos generales perseguían no verse sorprendidos e intentaban descubrir los planes del enemigo. Finalmente, Lee se detuvo en Cashtown, un enclave situado a unos ochenta y ocho kilómetros al noroeste de Baltimore.

Al tener noticia de lo que parecía el descubrimiento de las posiciones de Lee, Meade envió a las fuerzas de caballería de Buford a averiguar lo que realmente estaba sucediendo. Los jinetes de Buford cruzaron entonces una población llamada Gettysburg, situada a unos nueve kilómetros al sureste de Cashtown. Este hecho no tendría por qué haber tenido la menor importancia, pero se dio la circunstancia de que una brigada de soldados confederados se había dirigido también a Gettysburg al carecer de calzado y haber sabido que había botas en la citada localidad. El 30 de junio, se produjo el choque entre ambos contingentes de tropas. Lo que tuvo lugar entonces no entraba en los planes de ninguno de los mandos. En realidad, tanto los unionistas como los confederados fueron enviando fuerzas a Gettysburg hasta que la escaramuza inicial se transformó en una batalla imprevista y de enorme envergadura. La situación se vio además complicada por el hecho de que ambos ejércitos se encontraban dispersos. Si Meade no llegó al campo de batalla hasta el segundo día, Lee no se atrevió a emplearse a fondo antes de que aparecieran las fuerzas de Longstreet.

Cuando la batalla concluyó, el 3 de julio, el ejército de Lee había sufrido veinticinco mil bajas sobre un total de setenta y cinco mil hombres, un resultado que sólo podía calificarse de espantoso desastre.

A lo largo del día 4, el día de la independencia, Lincoln se mantuvo en el Departamento de Guerra analizando los despachos que llegaban y preguntándose si el combate continuaría. A esas alturas, se manifestaba considerablemente sereno. La razón para su tranquilidad se la explicaría al general Sickles poco después:[12]

En el punto culminante de la campaña (de Gettysburg), cuando todos parecían presa del pánico y nadie podía decir lo que iba a suceder, oprimido por la gravedad de nuestros asuntos, fui un día a mi habitación y cerré la puerta y me puse de rodillas ante el Todopoderoso Dios, y oré con insistencia para que nos concediera la victoria en Gettysburg. Le dije que ésta era Su guerra, y nuestra causa Su causa, pero que no podíamos soportar otro Fredericksburg o Chancellorsville. Y allí y entonces formulé un voto solemne ante el Todopoderoso Dios de que, si estaba al lado de nuestros muchachos en Gettysburg, yo estaría a Su lado. Y Él *estuvo* al lado de sus muchachos y yo *estaré* al Suyo. Y después de eso (no sé cómo fue ni puedo explicarlo), inmediatamente un dulce consuelo se deslizó en el interior de mi alma señalando que el Todopoderoso Dios había tomado toda la cuestión en sus propias manos y que las cosas irían bien en Gettysburg. Y por eso no tuve ningún miedo por usted.

El día siguiente a la victoria de Gettysburg, Lincoln recibió la noticia de que Vicksburg, una importante posición confederada defendida por más de treinta mil hombres, se había rendido ante las fuerzas de la Unión. Se consumaba así un proceso iniciado unos meses atrás por Grant.

En adelante, los rebeldes sureños iban a experimentar derrota tras derrota en una guerra que, militar y diplomáticamente, estaba perdida y de cuya legitimidad moral habían comenzado a dudar seriamente no pocos ciudadanos de la Confederación. Sin embargo, ese resultado distaba mucho de parecer evidente.

CAPÍTULO 8

«CON CARIDAD
HACIA TODOS...»

Lincoln encuentra a su general

El 3 de octubre, Lincoln iba formular una curiosa orden. A partir de ese año de 1863, el último jueves de noviembre sería considerado como un día de acción de gracias. Su celebración, que debía ser familiar, tendría como finalidad agradecer a Dios las bondades que derramaba tanto sobre la nación en general como sobre cada individuo en particular. La decisión de Lincoln iba a tener una repercusión inesperada que en aquella época resultaba difícil suponer.

Menos de dos semanas después adoptó asimismo otra decisión que contaría con una repercusión más fácil de evaluar a corto plazo. El 17 de octubre, el general Grant, que se encontraba en Cairo, recibió la orden de dirigirse a la casa Galt, en Louisville, Kentucky, donde un oficial del Departamento de Guerra se entrevistaría con él para hacerle entrega de instrucciones. En ellas se le anunciaba la creación de la división militar del Mississippi compuesta por los departamentos de Ohio, Cumberland y Tennessee y extendiéndose por toda el área comprendida entre los Alleghenies y el Mississippi, salvo el territorio ocupado por Banks en el suroeste. En ambas órdenes, Grant era colocado a la cabeza de la división. La única diferencia estribaba en que, mientras que la primera mantenía los mandos de los departamentos como eran en aquel momento, la segunda sustituía a Rosecrans por Thomas. Grant aceptó esta segunda.

El discurso de Gettysburg

Al poco tiempo de concluida la batalla de Gettysburg, los gobernadores de dieciocho estados del Norte habían abordado la tarea de construir un cementerio donde pudieran reposar los restos de los soldados enterrados apresuradamente después del combate. Se acordó que la ceremonia de dedicación quedara fijada para el jueves, 19 de noviembre, y asimismo que el personaje encargado de pronunciar un discurso fuera Edward Everett, a la sazón el orador más famoso de Estados Unidos. En un gesto de cortesía, David Wills, presidente de la junta del cementerio, a instancias del gobernador Curtin, envió invitaciones para el acto al presidente —al que se pidió que pronunciara unas palabras—, a los miembros del gabinete, a los congresistas y a distintos diplomáticos y dignatarios. Con bastante sentido común, la junta no esperaba que se produjera una asistencia de los invitados de alto rango y consideraba que el evento no pasaría de tener un carácter local.

Por regla general, Lincoln declinaba las invitaciones que recibía para pronunciar discursos incluso en situaciones relevantes.

Por eso, cuando los miembros del gabinete supieron que acudiría a Gettysburg se sintieron unánimemente sorprendidos.

La preparación del discurso, posiblemente el más famoso de toda la Historia de Estados Unidos, fue rápida, entre otras razones, porque Lincoln no disponía de mucho tiempo para dedicarse a ella. Cuando, finalmente, salió de Washington tan sólo había redactado un borrador cuya primera página estaba escrita con tinta, mientras que la segunda iba trazada con lápiz.

El día 18 de noviembre, Tad, el hijo del presidente, se encontraba gravemente enfermo, una circunstancia que puso a prueba la no muy sólida estructura nerviosa de la esposa de Lincoln. A fin de cuentas, Mary no podía apartar de su mente, como también le sucedía a su marido, lo sucedido con su hijo Willie. A pesar de todo, el presidente decidió respetar su compromiso y acompañado de algunas personas, subió al tren que debía conducirle a Gettysburg, a donde llegó a la puesta del sol.

En la localidad famosa por la terrible batalla el presidente se alojó en una casa, propiedad de un tal señor Wills, situada frente a la plaza pública. Millares de personas, incluidos los miembros de una banda de música, se situaron debajo de la vivienda a la espera de que apareciera Lincoln y éste, finalmente, hizo acto de presencia y pronunció unas palabras. A lo largo del día habían ido llegando telegramas que señalaban la ausencia de novedades en los distintos frentes de batalla y una clara mejoría en la salud de Tad. Hacia las diez de la noche, Lincoln se retiró a su habitación.

Realizó entonces algunas modificaciones en el bosquejo de su discurso, que pasaría a limpio a la mañana siguiente.

La ceremonia se desarrolló ante una asistencia de quince mil personas en un contexto donde se veían ataúdes abiertos a la espera de los cadáveres que debían albergar y, a una distancia mayor, restos de caballos ya reducidos a los huesos. Durante el espacio de dos horas, Everett pronunció un discurso magistral que tenía todas las características de la florida oratoria de la época. Cuando concluyó, Ward Hill Lamon anunció la intervención del presidente.

Lincoln se levantó, se puso las gafas que utilizaba para leer y sacó la hoja de papel en la que había escrito el discurso. No lo leyó, sino que se limitó a echarle algún vistazo ocasional. El texto recogía la quintaesencia del pensamiento de Lincoln. En primer lugar, el presidente señaló el hecho fundacional de Estados Unidos. Sin duda, se trataba de una nación joven, pero lo más significativo era que se trataba de «una nueva nación, concebida en Libertad, y dedicada a la afirmación de que todos los hombres son creados iguales».[1] La existencia de esa nación, cuyos supuestos iniciales diferían considerablemente de los del resto de las naciones, se veía ahora sometida a una guerra civil «que pone a prueba si esa nación, o cualquier nación así concebida, y así dedicada, puede perdurar por mucho tiempo».[2]

En aquellos momentos, proseguía Lincoln, se hallaban reunidos para dedicar una parte de un campo de batalla en honor de aquellos que habían dado su vida por la nación. Semejante acción era, sin duda, adecuada, pero, en cierto sentido, nadie podía consagrar y santificar aquel terreno más de lo que lo habían hecho los que en él habían combatido. La tarea de los vivos debía ser, por lo tanto, continuar aquella tarea inacabada «para que estos muertos no hayan muerto en vano».[3] Esa tarea no podía ser otra que la de que «esta nación bajo Dios tendrá un nuevo nacimiento de libertad; y el gobierno del pueblo, por el pueblo y para el pueblo, no perecerá en la Tierra».[4]

Lincoln concluyó así su discurso antes de que buena parte de los presentes se hubiera percatado de que había comenzado a hablar. No resulta raro que el aplauso fuera tibio e inseguro, e incluso que uno de los fotógrafos aún estuviera disponiendo su trípode cuando Lincoln ya había tomado asiento. Inicialmente, las palabras pronunciadas por el presidente no causaron gran sensación. De hecho, la prensa las publicó como un mero apéndice al discurso de Everett y los medios cercanos al partido demócrata no se recataron de calificarlas de vacías y planas. Sin embargo, las doscientas sesenta y ocho palabras de lo que Lincoln denominó su «discursito» iban a convertirse con el paso del tiempo en un paradigma de oratoria.

En el breve texto, Lincoln recogía sus temas fundamentales: la experiencia norteamericana diferenciada de otras por su ligazón con la libertad y con la proposición de que todos los hombres son creados iguales; la afirmación de que no sólo la Unión, sino el propio sistema democrático se hallaba en juego en la guerra civil;

la necesidad de continuar luchando para que la democracia —el gobierno del pueblo, por el pueblo y para el pueblo— demostrara su viabilidad y no desapareciera de la faz de la Tierra; y, finalmente, la firme creencia en que la nación debía estar colocada «bajo Dios». No deja de ser significativo que esta última expresión no apareciera en los dos borradores iniciales del discurso de Lincoln. Posiblemente, se le ocurrió añadirla mientras lo pronunciaba. Lo cierto, desde luego, es que la incluyó en las tres copias que realizó con posterioridad del discurso que iba a convertirse en la pieza de oratoria más famosa de toda la Historia de Estados Unidos.

HACIA LA REELECCIÓN

Aunque las perspectivas de una victoria militar eran mejores que nunca a finales de 1863 a Lincoln no se le ocultaba que el éxito de la causa de la democracia exigía un tiempo que, muy posiblemente, sobrepasaría la extensión de su mandato presidencial. De hecho, era consciente de que el triunfo bélico no sería suficiente, aunque resultara indispensable, para garantizar el «nuevo nacimiento en libertad» de «el gobierno del pueblo, por el pueblo y para el pueblo». La victoria tendría que ser seguida por un período de reconstrucción que, en contra de las pretensiones de los republicanos radicales, debería ir marcado por la reconciliación nacional y la reintegración de los estados ahora rebeldes en el seno de la Unión.

Con esa tarea en mente —la victoria en la guerra, la reconciliación nacional, la integración racial—, no puede sorprender que Lincoln llegara a la conclusión de que era preciso que los ciudadanos lo reeligieran en las elecciones presidenciales que tenían que celebrarse a finales de 1864. Sin embargo, por muy sensata que resultara semejante visión, lo cierto era que ningún presidente desde Andrew Jackson había desempeñado el cargo durante un segundo mandato y que, aparte de los demócratas, Lincoln tenía los peores adversarios de sus planes en el interior de su propio partido.

A pesar de las recientes victorias militares, no eran pocos los republicanos que seguían dudando de la capacidad de Lincoln para gobernar la nación y que abogaban por su sustitución. En su mayoría, preferían actuar en las sombras y esperar a que llegara el tiempo propicio. Sin embargo, Salmon P. Chase, el Secretario del Tesoro, no tenía ningún reparo en afirmar ante quien fuera sus ideas sobre la flagrante incompetencia de Lincoln, una afirmación que iba a verse desmentida por los éxitos de los ejércitos de la Unión.

El 9 de marzo, el general Grant quedó convertido en comandante en jefe de los ejércitos de la Unión, con Halleck subordinado a él, y al día siguiente se encontraba camino de regreso hacia el oeste. Por primera vez, todos los ejércitos iban a verse sometidos a un mando único, lo que tendría unos efectos fulminantes sobre el curso de la guerra. Durante los meses siguientes,

Grant consiguió vencer a las fuerzas confederadas en Wilderness, Spotsylvania y Cold Harbor, llegando hasta las puertas de Richmond. Por si fuera poco, el general Sherman inició la denominada «Marcha hacia el mar», que se revelaría decisiva en el resultado del conflicto.

A pesar de todo, no todos los ciudadanos del Norte tenían una visión tan clara del contexto histórico en que se hallaban. Para muchos, la realidad era que la guerra había durado más de tres años y que incluso en los últimos tiempos en que las fuerzas de Grant no habían dejado de avanzar, las bajas habían sido numerosísimas. Lincoln podía estar seguro de que había encontrado a su general y convencido de que la Confederación había perdido totalmente su capacidad ofensiva, pero para muchos Grant era solamente un carnicero al que no le preocupaba en absoluto la vida de sus hombres. Precisamente por ello, al concluir el año 1864 los miembros del partido demócrata se sentían especialmente optimistas y abogaban por llegar a una paz negociada con los estados esclavistas, aunque su precio fuera aceptar la independencia de la Confederación.

En el otro extremo del arco político, el sector radical del partido republicano seguía sintiéndose defraudado por la manera en que Lincoln había abordado el tema de la esclavitud. Ahora que, por primera vez, parecía posible la victoria militar sentían que la paz con los rebeldes no podía ser generosa, sino que debía estar caracterizada por una dureza tal que evitara sublevaciones en el futuro. Semejante punto de vista podía parecer razonable, pero, desde luego, no contaba con el apoyo de Lincoln. El 31 de mayo, algunos de los miembros radicales del partido republicano celebraron una convención en Cleveland y eligieron como candidato a presidente a Frémont.

Lincoln se percató, desde luego, de que podía perder las elecciones. Sin embargo, lo que más le preocupaba no era la perspectiva de abandonar la Casa Blanca, sino la convicción de que su sucesor en el cargo ofrecería inmediatamente una plataforma en nombre de la paz que podría gozar de apoyo por parte de aquellos que estaban hartos de guerra, pero que significaría inmediatamente el reconocimiento de la independencia de los estados esclavistas y el final de la Unión.

Las alternativas para escapar de aquella situación no eran numerosas. Una posibilidad habría sido posponer las elecciones hasta que llegara a su fin la situación de emergencia nacional en la que se hallaba sumida la Unión. Ciertamente, la constitución no contemplaba semejante posibilidad, pero siempre se podía señalar que los Padres fundadores nunca habían pensado en una eventualidad como la que ahora atravesaba la Unión y que, por añadidura, jamás se habían celebrado elecciones en tiempo de guerra. Sin embargo, a pesar de estas consideraciones, Lincoln no estaba dispuesto a restringir un derecho tan importante como el que se encarnaba en una elección presidencial. Si se admitía ese precedente, ¿acaso no se corría el riesgo de abrir el camino para otros retrasos electorales que pretendieran evitar la salida del poder de un partido que hubiera perdido la confianza del pueblo? En tal caso, la victoria militar perdería buena parte de su contenido porque la democracia que se defendía por las armas habría comenzado a desnaturalizarse. Lincoln optó, por lo tanto, por mantener el procedimiento constitucional.

Lo que tuvo lugar entonces fue un acontecimiento sin precedentes ni parangón en la Historia universal. Una nación sometida a una cruenta guerra en la que se jugaba su existencia futura pasaba por un proceso electoral libre en el que las fuerzas de oposición podían atacar con todo género de argumentos la política seguida por el gobierno.

El 7 de junio, el denominado partido de la Unión, en el que se daban cita republicanos y demócratas de la guerra, se reunió en Baltimore. Lincoln, en la primera votación, fue elegido candidato, convirtiéndose así en el primer presidente que se presentaba para la reelección desde Martin Van Buren en 1840. Sin embargo, Lincoln no podía correr ningún riesgo y decidió que la vicepresidencia recayera en Andrew Johnson, un demócrata sureño, como forma de allegar votos tradicionalmente demócratas y de mostrar que la Unión seguía viva.

Con todo, todos aquellos pasos políticos quedaban relativizados por un detalle de no escasa importancia. Por mucho que la Confederación se estuviera desmoronando, las apariencias eran muy diferentes.

Durante aquellos meses de julio y agosto —que iban a figurar entre los más duros de toda la guerra civil—, los reveses militares no eran las únicas situaciones que provocaban quebraderos de cabeza al inquilino de la Casa Blanca. De hecho, el panorama político se enrareció todavía más durante el verano. Los republicanos radicales no estaban dispuestos a permitir que el presidente llevara a cabo una política de reconciliación con los estados rebeldes una vez que concluyera la guerra. Precisamente por ello, redactaron un proyecto de ley que arrancaba la dirección de la posguerra de las manos del presidente para colocarla en las del Congreso, donde los radicales disponían de una posición de fuerza incontestable. El texto, que sería conocido como la ley Wade-Davis, exigía para la formación de los gobiernos en los diferentes estados la prueba de lealtad, no de una décima parte del censo electoral, como había pretendido Lincoln, sino de la mayoría del mismo. También establecía la prohibición de votar o de presentarse a las elecciones para todos aquellos que hubieran desempeñado cargos o puestos de funcionario en la Confederación o que hubieran combatido voluntariamente contra la Unión. De la misma manera, la ley establecía que ningún antiguo oficial confederado podría ser elegido para formar parte del legislativo del estado o para ser gobernador. Al mismo tiempo, se declaraba la prohibición de la esclavitud en todos los estados reintegrados y se rechazaba la deuda «rebelde».

A pesar de su severidad, la ley Wade-Davis no recogía todas las aspiraciones de los radicales. No obstante, tenía una enorme importancia porque si el presidente estampaba en ella su firma se habría sentado el precedente de que la política de posguerra en relación con los estados sureños vendría dictada de acuerdo con las directrices del legislativo y no con las emanadas de la presidencia. La ley resultó aprobada el 2 de julio, precisamente el último día del período de sesiones. Cuando faltaba menos de una hora para concluirlo y Lincoln se hallaba sentado en la habitación presidencial del Capitolio firmando las normas aprobadas por el Congreso, le fue presentada la ley Wade-Davis.

Como en otras ocasiones, la cuestión política que se le plan- teaba le colocaba en una difícil disyuntiva. Si aceptaba firmar la ley, podía dar por entregada la dirección de la posguerra al legisla- tivo. Dado que en él dominaban los radicales, nunca se llevaría a cabo una política de reconciliación nacional. Si, por el contrario, hacía uso del derecho de veto que le otorgaba la constitución, ahondaría las divisiones que estaban aquejando al partido repu- blicano. Con gesto tranquilo, apartó el texto de la ley y continuó firmando otros.

En una proclama inmediata dirigida al conjunto de los ciu- dadanos, Lincoln manifestó que, aunque apreciaba el hecho de que la ley Wade-Davis buscara la restauración de la Unión, no le parecía oportuno aferrarse a una manera única de llevarla a cabo reconociendo el poder del Congreso para abolir la esclavi- tud en los diferentes estados, pasando por alto lo establecido en las constituciones de los estados libres y no teniendo en cuenta a los gobiernos ya establecidos en Louisiana y Arkansas. Ante semejantes afirmaciones, los radicales montaron en cólera y a la vez que daba la impresión de que apoyarían en masa a Frémont, publicaron una respuesta en el *New York Tribune* de 5 de agosto que sería conocida en adelante como el Manifiesto Wade-Davis.

El texto, que fue, sin lugar a dudas, la declaración más dura de la Historia de Estados Unidos dirigida a un presidente por su propio partido: acusaba a Lincoln de usurpación de autoridad, de persistir en el error de reconocer a los gobiernos de Arkansas y Louisiana para asegurarse sus votos en una posible reelección y de ofender al legislativo con su proclama posterior a la aprobación de la ley Wade-Davis. Se trataba de acusaciones muy duras, pero Lincoln no quiso leer el texto. Como diría, citando del libro bíblico de los Salmos, ser herido en la casa de los amigos era quizá el pesar mayor que podía sufrir un ser humano y él no tenía el menor deseo de albergar sentimientos de amargura hacia nadie.

La situación resultaba tan delicada que los propios partidarios de Lincoln comenzaron a dudar de su éxito en las próximas elecciones y él mismo aceptó la posibilidad de verse derrotado. De hecho, tomando una hoja de papel de la mansión del ejecutivo, escribió:

Esta mañana, al igual que en los días anteriores, parece considerablemente probable que esta administración no sea reelegida. En ese caso será mi deber cooperar con el presidente

electo para salvar la Unión entre la elección y la inauguración; ya que habrá asegurado su elección sobre tal base que
posiblemente no podrá salvarla después.[5]

Tras estampar su firma, Lincoln dobló el papel y procedió a
sellarlo. Más tarde, durante el mismo día, pidió a los diferentes
miembros del gabinete que firmaran en el dorso sin decirles cuál
era el contenido del papel. Después lo colocó en su escritorio.

Sin embargo, por muy embargado por el pesar que pudiera
estar, Lincoln distaba mucho de estar resignado a la derrota. Dos
días después de redactar el documento que hemos mencionado,
el comité ejecutivo del comité nacional republicano se reunió en
una sesión especial en la Casa Blanca. Su intención era conven-
cer a Lincoln de que enviara delegados a Richmond para entablar
conversaciones encaminadas a conseguir la paz. El presidente se
opuso a tal posibilidad señalando que actuar de esa manera resultaría peor que la derrota, ya que implicaría rendirse con antici-
pación. Seward, Stanton y Fessenden apoyaron a Lincoln en su
resolución y entonces, de manera inesperada, la firmeza presidencial se contagió al resto de los presentes de tal manera que cuando
el comité abandonó el lugar estaba poseído por cierto sentimiento
de ánimo.

El 29 de agosto de 1864, los demócratas celebraron su convención en Chicago, en el mismo lugar donde Lincoln había triunfado en 1860. La plataforma electoral buscaba obtener la paz a

cambio de aceptar la independencia de los estados esclavistas. En una jugada política de especial habilidad, los demócratas ofrecieron la candidatura a la presidencia al general McClellan, un hombre al que podían presentar como un héroe de guerra maltratado injustamente por Lincoln.

Apenas habían concluido los demócratas su convención, embargados por el entusiasmo, cuando la situación militar comenzó a experimentar un cambio extraordinario. A lo largo del mes de agosto, Sherman había ido extendiendo el cerco de Atlanta y, el 2 de septiembre, tomó la ciudad. La noticia de la toma de Atlanta y de otras victorias obtenidas por Grant y Sheridan tuvo un efecto electrizante sobre la opinión pública del Norte. No sólo es que algunos medios de la Confederación apuntaron claramente al hecho de que los pacifistas del Norte y las fuerzas armadas del Sur perseguían un objetivo común,[6] es que en el Norte, de manera mayoritaria, se llegó a la conclusión de que Lincoln había demostrado durante todos aquellos años una talla excepcional. A pesar de las presiones recibidas desde todos los lados, a pesar de los fracasos continuos en el campo de batalla y a pesar de la incapacidad de buen número de sus generales, no había perdido la moral ni había buscado una salida negociada. Ahora los acontecimientos le daban la razón de manera indudable. Así, los republicanos radicales renunciaron a tener candidatura propia y regresaron al lado de Lincoln. De esa manera se llegó al día de las elecciones.

En el curso de la noche de la jornada electoral, Lincoln relató una anécdota que le había sucedido durante las elecciones de
1860. Agotado, había regresado a su casa y se había echado en el
sofá. Enfrente de donde se encontraba había un espejo grande y al
mirarse en él se había visto casi todo lo largo que era, pero con dos
imágenes, de las que una estaba prácticamente sobreimpuesta a la
otra. Sorprendido, se había incorporado para estudiar el extraño
reflejo y entonces éste se había desvanecido. Volvió entonces a
tumbarse y nuevamente apareció el reflejo doble, sólo que ahora
le dio la impresión de que una de las dos caras estaba más pálida
que la otra. Cuando se incorporó por segunda vez, la visión se
esfumó. Aquel fenómeno extraño le había desasosegado y había
optado por comentarlo con su esposa. La interpretación que la
señora Lincoln había dado era que sería elegido dos veces, pero
que, como indicaba el rostro más pálido, no viviría lo suficiente
como para acabar el segundo mandato.

A las dos y media de la mañana, las noticias de su triunfo eran
prácticamente de dominio público y una banda comenzó a tocar
bajo la ventana. Ante sus componentes, el presidente improvisó
un discurso:

Durante mucho tiempo ha sido una grave cuestión si cualquier gobierno, no *demasiado* fuerte para las libertades de su
pueblo, puede ser lo *suficientemente* fuerte para mantener su
propia existencia, en las grandes emergencias.

En relación con este tema, la presente rebelión sometió a nuestra república a una severa prueba; y una elección presidencial que tenía lugar de manera regular durante la rebelión añadió no poco a la tensión ...

No podemos tener un gobierno libre sin elecciones; y si la rebelión pudiera forzarnos a pasar por alto o posponer una elección nacional, podría perfectamente pretender que ya nos ha conquistado y arruinado ...

Pero la elección, con su lucha incidental e indeseable, nos ha hecho bien también. Ha demostrado que un gobierno del pueblo puede celebrar una elección general en medio de una gran guerra civil ... Muestra también lo *sólidos* y lo *fuertes* que somos. Muestra que, incluso entre los candidatos del mismo partido, aquel que está más dedicado a la Unión, y se opone más a la traición, puede recibir la mayoría de los votos del pueblo.[7]

Lo cierto es que se había tratado de una victoria holgada. En votos, consiguió 2.203.381 millones, un cincuenta y cinco por ciento, frente a los 1.797.019 de McClellan. Por lo que a los estados se refiere, Lincoln se impuso en todos salvo Delaware y Kentucky, ambos fronterizos, y Nueva Jersey, logrando doscientos doce votos electorales frente a veintiuno.

La victoria republicana se repitió en el legislativo. De los cincuenta y dos escaños del Senado, los republicanos obtuvieron el control de cuarenta y dos, y de los ciento noventa y seis del

Congreso, lograron ciento cuarenta y nueve. Así, el partido demócrata, que había sido el mayoritario durante más de seis décadas,
perdió su hegemonía en medio de una aureola de desprestigio
que se prolongaría hasta bien entrado el siglo siguiente. Lincoln
no sólo había salvado la Unión, sino que además había propor-
cionado a su joven partido un impulso que se mantiene hasta el
día de hoy. Quedaba por finalizar la guerra, pero a esas alturas ya
pocos podían dudar de cuál sería el resultado último.

El final de la Confederación[8]

Considerado objetivamente el panorama, resultaba obvio que la
Confederación había perdido la guerra. Los mandos confederados, que se encontraban con un número creciente de deserciones,[9] intentaban desesperadamente evitar la desmoralización de
sus tropas anunciando ofensivas contra Sherman que cortaran
sus líneas de abastecimiento y le obligaran a abandonar Atlanta
y permitieran aniquilarlo durante su retirada. Así, el confederado
Hood envió tropas a Tennessee para afectar las líneas de comuni-
caciones unionistas, pero el 16 de diciembre, las fuerzas de Hood
fueron derrotadas en Nashville[10] y se vieron obligadas a abandonar
Tennessee, a donde ya no podrían regresar jamás.

Por si fuera poco, Sherman, el 16 de noviembre de 1864, dio
inicio a la famosa «marcha hacia Georgia». Se trató de un trayecto de cuatrocientos treinta kilómetros hacia el mar en el curso

del cual las tropas de Sherman fueron incendiando y asolando una franja ininterrumpida de cien kilómetros de ancho. Durante treinta y dos días, Sherman estuvo internado en territorio enemigo y no se supo nada de su situación, una circunstancia que logró causar una profunda preocupación tanto a la opinión pública como a Lincoln. En apariencia, sólo Grant se mostraba totalmente tranquilo, a la vez que convencido de que, a su debido tiempo, Sherman emergería del Sur profundo y llevaría consigo noticias de victoria. No se equivocó. El 22 de diciembre, Sherman tomó Savannah en la costa de Georgia y allí enlazó con la flota de la Unión. La conquista de la ciudad se había realizado prácticamente sin combatir. Envió la comunicación de la victoria a Lincoln como si de un regalo de Navidad se tratara.

A finales de enero de 1865, Arkansas, Louisiana, Maryland y Missouri habían abolido la esclavitud y Tennessee y Kentucky estaban dando pasos en la misma dirección. Por lo que se refería a la Confederación, sólo sobrevivía en Virginia y las dos Carolinas. Pese a todo, Jefferson Davis seguía decidido a no reconocer la innegable derrota y el 31 de enero de 1865 nombró a Lee comandante en jefe de las fuerzas confederadas, como señal de su voluntad de no capitular. A pesar de todo, el 1 de febrero, Sherman salió de Savannah y se dirigió hacia el norte. Dos semanas después, tomaba e incendiaba Columbia, la capital de Carolina del Sur. En los días siguientes, en sus manos cayeron Charleston y Wilmington. La Confederación agonizaba.

La segunda investidura[11]

El 31 de enero, tuvo lugar la aprobación de la decimotercera enmienda en el Congreso por ciento diecinueve votos a favor, cincuenta y seis en contra y ocho abstenciones. De esa manera, la esclavitud quedaba prohibida en todo el territorio de los Estados Unidos con la mayoría constitucional de dos tercios.

El 5 de enero de 1865, Lincoln decidió otorgar una nueva muestra de magnanimidad a los confederados y leyó a su gabinete una propuesta para destinar cuatrocientos millones de dólares a indemnizar a los amos de esclavos, siempre que la guerra concluyera antes del 1 de abril. Sin embargo, el gabinete consideró que a esas alturas y con la victoria a las puertas no tenía sentido adoptar una medida semejante, de manera que Lincoln abandonó la idea.

El 4 de marzo de 1865, Lincoln fue investido presidente por segunda vez. El cielo estaba nublado y el breve cortejo transitó por una avenida de Pennsylvania cubierta de barro. Cuando Lincoln se puso en pie, sus palabras se vieron precedidas por los susurros de la multitud. Constituyeron así el prólogo de una de las intervenciones de Lincoln en que quedaría mejor resumido su pensamiento político. Tras indicar que, al ser la segunda vez que prestaba juramento, había menos razones para un discurso extenso que la primera, Lincoln recapituló lo que había sido la guerra que ya duraba casi cuatro años. Inicialmente, ninguna de las partes había previsto la duración. Las dos «esperaban un triunfo fácil y un resultado menos fundamental y sobrecogedor. Ambos leen la misma Biblia, y oran al mismo Dios; y cada una invoca Su ayuda en contra de la otra...».[12]

Lincoln no creía que la guerra hubiera puesto de manifiesto que uno de los bandos era bueno mientras que el otro era malvado. En realidad, «las oraciones de ambos no podían ser contestadas; y ninguna lo había sido por completo».[13] La esclavitud había sido un pecado terrible y Dios, finalmente, había decidido descargar Su juicio en forma de «esta terrible guerra» «tanto sobre el Norte como sobre el Sur».[14]

Ahora los norteamericanos tenían la esperanza, expresada de manera ferviente en la oración, de que «este poderoso flagelo de la guerra pasará con rapidez».[15] Sin embargo, debían estar preparados para que así no fuera:

Sin embargo, si Dios desea que continúe hasta que se hunda toda la riqueza acumulada en doscientos cincuenta años de brega involuntaria de los esclavos y hasta que toda gota de sangre arrancada con el látigo sea pagada por otra arrancada por la espada, igual que se dijo hace tres mil años, así debería decirse ahora: «Los juicios del Señor indudablemente son verdaderos y justos».[16]

A pesar de todo, Lincoln no era fatalista. Podía creer en la justicia divina que estaba castigando a la nación por el pecado horrendo de la esclavitud, pero, al mismo tiempo, era consciente de la necesidad de reconciliación una vez que concluyeran los combates:

Con malicia hacia nadie; con caridad hacia todos; con firmeza en lo justo, según Dios nos conceda ver lo justo, prosigamos para concluir la labor en la que nos hallamos; para vendar las heridas de la nación; para cuidar a aquel que haya sufrido la batalla, y a su viuda y a su huérfano, para hacer todo lo que pueda acabar y consumar una paz justa y perdurable entre nosotros mismos y con todas las naciones.[17]

Cuando Lincoln concluyó su discurso, Chase le tomó el juramento. A continuación, Lincoln besó la Biblia, se inclinó y, finalmente, abandonó la plataforma.

La victoria

El 28 de marzo, Sherman se reunió con Lincoln, Grant y el almirante Porter en el River Queen. Grant y Sherman reconocieron que uno de ellos, quizá ambos, tendría todavía que librar una batalla sangrienta. Lincoln preguntó si no podría evitarse semejante eventualidad, pero terminó reconociendo que, al fin y a la postre, se trataba de una cuestión meramente militar. Cuando Sherman preguntó al presidente qué debía hacerse con las fuerzas vencidas y con Jefferson Davis y otros dirigentes rebeldes, Lincoln respondió que tenía la esperanza de que los soldados enemigos regresaran a casa y se reintegraran cuanto antes en sus granjas y comercios. Por lo que se refería a Davis, no podía permitirse decirlo de manera abierta, pero tenía la esperanza de que consiguiera huir sin que él se enterara.

Sherman se había encontrado con anterioridad con Lincoln y no había quedado agradablemente impresionado en aquel entonces. Sin embargo, ahora, al ver la manera en que contemplaba el futuro de los confederados, su punto de vista cambió de manera radical. Posteriormente escribiría que, en efecto, Lincoln tenía «caridad hacia todos y malicia hacia nadie», tal y como había dicho en su segundo mensaje de inauguración.

El 2 de abril, Lee abandonó Petersburg y Richmond a la vez que el gobierno confederado dejaba la capital en la que se había mantenido durante toda la guerra. La reacción de Grant fue emprender inmediatamente la persecución de Lee.

A las nueve de la mañana, Grant telegrafió a Lincoln para que se reuniera con él. No pasó mucho tiempo antes de que el presidente llegara cabalgando y llevando a su hijo Tad de la mano, entrara en la habitación donde se encontraba Grant.

A la mañana siguiente, Lincoln se dirigió a una Richmond que ya se había rendido a los soldados de la Unión. En medio de las ruinas humeantes y del olor mezclado del tabaco y el algodón reducido a cenizas, una multitud de negros reconoció a Lincoln y se acercó a saludarle. Al cabo de unos instantes la noticia de la presencia del presidente se había extendido y las calles se llenaron de personas que observaban al recién llegado. Con la excepción de los antiguos esclavos, que estaban exultantes, nadie dijo una palabra o lanzó un grito. La sensación que parecía predominar en los presentes era la de asombro. Por lo que se refería a Lincoln, caminaba tranquilo, sin la menor señal de que tuviera miedo.

Entre otros lugares, Lincoln recorrió acompañado por una escolta de jinetes la Libby Prison y el Castle Thunder, enclaves ambos que habían servido de lugar de confinamiento para prisioneros de guerra. Las condiciones a que se habían visto sometidos los cautivos de la Unión habían resultado tan penosas que uno de los oficiales que acompañaba a Lincoln no se recató de señalar que Davis tenía que ser ahorcado. Al escucharlo, el presidente le dijo suavemente: «No juzguéis y no seréis juzgados». A la pregunta del general Weitzel sobre el trato que debía dispensar a los habitantes de la ciudad, Lincoln respondió: «Si yo estuviera en su lugar, no los agobiaría, no los agobie».[18]

La noche del 9 de abril, Lincoln recibió un telegrama de Grant. En él se le informaba de que, a los cuatro días de que Lincoln visitara Richmond, Lee se había rendido en los términos propuestos por el general de la Unión. La capitulación había tenido lugar en Appomatox Court House, un enclave situado a unos cien kilómetros al oeste de Petersburg. Aunque Grant se había caracterizado por su insistencia en imponer la rendición incondicional, en esta ocasión se había mostrado generoso. Había permitido que los oficiales conservaran sus armas y, cuando Lee le indicó que los caballos eran aportados por los soldados confederados, aceptó que también los derrotados conservaran sus monturas. El general concordaba con muchos de los juicios expresados por Lincoln y, aunque duro en el campo de batalla, no veía razones para comportarse despiadadamente con los vencidos.

Las noticias corrieron por Washington como un reguero de pólvora y mientras los comercios cerraban una gran multitud se dirigió hacia la Casa Blanca. Lincoln hizo un breve acto de presencia en una ventana del edificio. Alegre, pero también profundamente cansado, prometió que pronunciaría un discurso la noche siguiente. Luego, en un nuevo gesto de magnanimidad, señaló que se había aficionado a la música de *Dixie*, el himno confederado, y puesto que la Unión lo había capturado, ordenó que lo interpretara una banda que se encontraba presente.

Ante una multitud entusiasta, Lincoln señaló que durante semanas había esperado el final, la época en que podría apartarse de los caminos de la guerra para reunir al pueblo en una paz firme y duradera. Ahora que había llegado la victoria veía con pesar que gente de su propio partido abogaba por una política de venganza contra el Sur. Por eso se permitía apelar al pueblo para que supiera otorgar el perdón.

Al escuchar aquellas palabras, muchos se aburrieron y se marcharon decepcionados. Sin embargo, es dudoso que se sintieran más desalentados que Lincoln, que acababa de contemplar el escaso efecto que sus palabras les habían causado.

EL COSTE DE LA VICTORIA

El 18 de abril, Johnston capituló a su vez ante Sherman. Aunque algunos contingentes confederados prefirieron huir del país a capitular,[19] durante las semanas siguientes, las diferentes unidades sureñas fueron entregándose a las fuerzas de la Unión.

El balance al concluir la guerra resultaba ciertamente sobrecogedor. Entre los dos contendientes, el número de muertos rayaba el millón, repartidos prácticamente en partes iguales lo que convirtió a la Guerra de Secesión en el conflicto civil más cruento de la Historia, si se excluyen aquellas guerras, como la rusa o la china, en las que los partidos comunistas realizaron purgas masivas de sectores completos de la población. De hecho, los daños físicos experimentados por la población civil fueron escasos, no así los materiales, e incluso después de concluir el conflicto no se produjeron ahorcamientos o fusilamientos de enemigos. Estas manifestaciones de violencia fueron realmente mínimas y tuvieron lugar en período de guerra. Si la mortandad resultó tan elevada se debió sin ningún género de duda a los avances de la tecnología militar.

Esta combinación de factores determinó que la tasa normal de bajas en una unidad que hubiera participado en combate se encontrara entre el veinticinco y el cincuenta por ciento, y que tampoco resultara extraño que la cifra fuera mayor.[20] Las cifras concretas de bajas de algunas unidades resultan absolutamente sobrecogedoras y explican el balance final de la guerra. En la batalla de Gettysburg, por ejemplo, el Primero de Minnesota experimentó cerca de un setenta por ciento de bajas al cabo de un cuarto de hora de combate, mientras que el 26 de Carolina del Norte en el bando contrario, sufrió un número de bajas que rayaba el noventa por ciento. Estas cifras adquieren su verdadero contexto si además recordamos que el combatiente medio combatía tan sólo un día por cada cincuenta de los que permanecía en filas.

En cualquier caso, aunque la tasa de mortalidad y de heridos pesó inmensamente sobre ambos bandos, fue, sin duda, la Confederación la que padeció más de tan cruento tributo. La esperanza de los rebeldes sureños residía en lograr una victoria que quebrantara de tal manera a los unionistas que los obligara a pactar la paz y reconocer la independencia de los estados esclavistas. Sin embargo, sus victorias, por brillantes y efectivas que pudieran ser, no dejaron de resultar tan costosas que acabaron, primero, por reducir extraordinariamente la capacidad de lucha de la Confederación y, después, por desangrarla de manera inevitable. Fueron triunfos tácticos innegables, pero, a la vez, carecieron de la repercusión estratégica suficiente como para lograr la victoria final.

Con todo, aproximadamente el sesenta por ciento de los muertos de ambos ejércitos lo fueron a causa de la enfermedad. Cuando estalló la guerra, el ejército de la Unión tan sólo disponía de ciento trece médicos y la Confederación disponía en todo su territorio de un máximo de cinco hospitales. Cuando concluyó la guerra, la Unión disponía de un cirujano por cada ciento treinta y tres hombres y de una red de trescientos cincuenta hospitales. En cuanto a la Confederación, disponía de un cirujano por cada trescientos veinticuatro hombres. No resulta extraño, por lo tanto, que el catorce por ciento de los unionistas heridos y tratados muriera y que la cifra resultara aun mayor en el caso de los confederados.[21]

A estas pérdidas, sin duda, muy graves se sumaron las materiales, que fueron también muy cuantiosas. Cuando concluyó el conflicto, la economía financiera del Sur, que nunca había sido su fuerte, se hallaba totalmente arruinada y su poderío agrícola en buena medida se veía reducido en un sentido literal a cenizas. La esclavitud había desaparecido y las plantaciones no pocas veces eran páramos arrasados por las fuerzas de Sherman. Mientras que el oeste se beneficiaba de una guerra que apenas le había afectado y el Norte se reponía con relativa facilidad de los gastos efectuados, los antiguos estados esclavistas se veían de la manera más directa afectados por la amenaza del hambre. Además, para lograr que la tierra proporcionara nuevamente el alimento cotidiano muchas familias no contaban ya con el padre o los hijos, muertos durante la guerra, viéndose reducidas no pocas veces a una mujer con hijos pequeños que debía hacer frente a retos humanamente insuperables.

Para alguien que sólo deseara mantener la mirada en el daño que había causado a la Unión la secesión sureña aquel panorama desolador no pasaba de ser la expresión de un juicio divino terrible pero justo que debía verse complementado de manera inmediata por la acción justiciera de los tribunales humanos. Sin embargo, para Lincoln la búsqueda de ese tipo de justicia carecía de sentido si no lograba reincorporar a los vencidos a la vida nacional en condición de igualdad. Precisamente, en ese punto de la situación política, a todas las pérdidas ya enumeradas se iba a sumar en unas horas otra más que resultaría fatal para la Historia de los Estados Unidos.

CAPÍTULO 9

EL FINAL

EL FINAL

El asesinato[1]

Como tuvimos ocasión de ver en el capítulo anterior, la guerra civil constituyó una enorme sangría de recursos humanos y materiales para Estados Unidos. En ningún momento dudó Lincoln de que el conflicto, desde la secesión, fuera inevitable y, una vez iniciado por las fuerzas secesionistas del Sur, la única salida era continuarlo hasta concluirlo con éxito. Sin embargo, a pesar de esa carga de razón, como ya hemos tenido ocasión de ver, la personalidad de Lincoln fue sintiendo cada vez más el peso de las pérdidas, no sólo hasta el punto de considerar toda la guerra un castigo divino por la esclavitud, sino también de estimar que la única conclusión lógica para el conflicto consistiría en adoptar una política que cerrara las heridas y reintegrara con la mayor rapidez a los estados rebeldes en el seno de la Unión.

Semejante posibilidad no era bien vista por los republicanos radicales que consideraban indispensable el castigar con dureza a los independentistas que no sólo habían colocado el sistema democrático al borde de su extinción, sino que también habían sido el origen de un diluvio de sangre y destrucción. Así, el escollo de mayor envergadura para la política de los radicales era el propio Lincoln y a mediados de abril de 1865 semejante obstáculo parecía absolutamente inamovible.

La capital de Estados Unidos se hallaba en aquellos momentos sumida en una verdadera oleada de entusiasmo patriótico ya que la noticia de la capitulación de Lee no dejaba ninguna duda en el sentido de que la guerra había terminado. Aunque todavía existieran algunos contingentes confederados que combatían resultaba innegable que su suerte estaba echada.

El 14 de abril de 1865, Viernes Santo, fue un hermoso día de primavera. Lincoln, tal y como era su costumbre habitual, se levantó pronto y sobre las siete de la mañana se dirigió a su oficina. Tras dejar una nota para Seward convocando una reunión de gabinete a las once del mediodía y escribir otra invitando a Grant[2] a asistir a ella, fue a desayunar con su esposa y Tad. Antes de que concluyeran la colación, apareció su hijo Robert.

Tras atender a algunas personas, el presidente se dirigió al Departamento de la Guerra para saber las últimas noticias de Sherman. No había llegado ninguna y regresó a su oficina, donde le estaba esperando Grant. El general le relató algunos pormenores de la capitulación de Lee y le señaló que en cualquier momento podrían llegar la nueva de que el confederado Johnston se había rendido a Sherman. En ese momento, Lincoln dijo que estaba seguro de que sería pronto, porque la noche anterior había tenido un sueño que se le había producido varias veces en vísperas de acontecimientos importantes, generalmente victorias militares de la Unión. Se trataba de un barco fantasma que se dirigía con rapidez hacia una playa difusa y oscura. El sueño en cuestión lo había tenido antes de Antietam, Murfreesboro, Gettysburg y Vicksburg. Grant indicó entonces que Murfreesboro no había sido precisamente una victoria, pero Lincoln no se dejó persuadir e insistió en que esta vez el barco seguramente apuntaba a las noticias que debían llegar relacionadas con el triunfo de Sherman.

Cuando la conversación derivó hacia el ejército confederado, Lincoln habló con aprecio de Lee y de sus hombres que habían combatido valientemente por una causa en la que creían. Stanton había presentado un plan que pretendía borrar los límites entre los estados durante la reconstrucción, pero el presidente no lo aprobaba y estaba encantado de que el Congreso no estuviera en período de sesiones. Con un poco de suerte, las relaciones amistosas con el Sur habrían sido reestablecidas antes de que el Congreso se hubiera reunido de nuevo. No compartía en absoluto los «sentimientos de odio y de venganza» de muchos de los miembros del Congreso y no estaba dispuesto a que hubiera más sangre, porque ya se había derramado demasiada. Lo que había que hacer con los peores de los confederados era «asustarlos para que se marcharan del país, abrir las puertas, quitar los barrotes».[3]

Esa misma voluntad de reconciliación quedó recogida en la última carta que escribió Lincoln en su vida, una misiva redactada precisamente el 14 de abril. Dirigida al general James H. Van Alen, que le había advertido de la necesidad de protegerse y

no exponerse como había sucedido en Richmond, el presidente
señalaba en ella:

Mi querido señor: tengo la intención de aceptar el consejo
de mis amigos y utilizar las debidas precauciones ... le doy las
gracias por la seguridad que me da de que recibiré el apoyo
de hombres conservadores como usted mismo, en los esfuerzos que pueda hacer para restaurar la Unión, al igual que
para convertirla, por utilizar su lenguaje, en una Unión de
corazones y manos así como de estados.

Suyo sinceramente,

Lincoln[4]

Cuando acabó la reunión, Grant explicó a solas al presidente
las razones por las que no podía quedarse a la representación de
Nuestro primo americano de Laura Keene, que tendría lugar en el
teatro Ford aquella misma tarde. Ambos estaban deseando coger
esa misma tarde el tren que se dirigía a Filadelfia para ver a sus
hijos que se encontraban en Long Branch, New Jersey.

Tras comer ligeramente, Lincoln regresó a su oficina. Allí firmó el perdón de un desertor comentando que seguramente el
muchacho podía servirles más sobre la tierra que bajo tierra; revocó la sentencia de muerte que pesaba sobre un espía confederado
y estampó su firma en otros documentos. Hacia las cuatro, había
conseguido librarse del trabajo para dar un paseo con su esposa.

En los últimos tiempos, el estado psicológico de la esposa de Lincoln había ido de mal en peor. Ahora, mientras paseaban aquella tarde, Lincoln comentó a su mujer que debían llevar una vida más alegre en el futuro, ya que habían tenido una existencia terrible a causa de la guerra y de la muerte de Willie.

A las ocho y media, Lincoln llegó al Teatro Ford. Cuando el presidente entró en la sala, se interrumpió la representación y resonaron las aclamaciones y los aplausos mientras un acomodador conducía al grupo hasta un palco adornado con la bandera norteamericana. Mientras Rathbone y la señorita Harris tomaban asiento en la parte delantera del palco, la señora Lincoln se sentó atrás y el presidente, tras agradecer la ovación, se acomodó en una mecedora cercana al fondo. La sensación de seguridad era tan considerable que John F. Parker, el guardaespaldas que habitualmente cuidaba de la seguridad del presidente, abandonó el palco y decidió disfrutar de la representación.

Quizá en circunstancias normales esa negligencia no hubiera planteado ningún problema, pero, desgraciadamente, la situación distaba mucho de resultar habitual. A una distancia del teatro inferior a una manzana, en el momento en que Lincoln y sus acompañantes entraban a ver la función, un grupo de hombres se hallaba sentado en la casa Herndon, entre las calles Novena y F. El jefe del grupo era un actor con experiencia en interpretar a Shakespeare llamado John Wilkes Booth. Natural de Maryland y miembro de una familia de actores, Booth había simpatizado con los confederados, a pesar de lo cual no había tenido ningún problema para circular por el territorio controlado por la Unión.

Constituido tiempo atrás, el grupo tenía desde hacía tiempo la misión de secuestrar a Lincoln para canjearlo por prisioneros confederados y una paz negociada. La rendición de Lee había convertido el plan en un absurdo y ahora Booth estaba señalando a sus acompañantes que debía ser cambiado por el de asesinar al presidente. La muerte de Lincoln podría, si no cambiar el signo de la guerra, al menos vengar a los caídos por la causa de la secesión del Sur. Semejante sugerencia había causado el abandono de algunos de los reclutados y ahora junto a Booth se encontraban sólo Lewis Payne, George Atzerodt y Davy Herold. Finalmente, la reunión se disolvió.

Cuando la representación, con la que, al parecer, Lincoln estaba disfrutando considerablemente, se encontraba en el tercer acto, un hombre llegó hasta Forbes, el cochero de la Casa Blanca, que estaba sentado en el pasillo cercano al palco del presidente, y le tendió una nota. Forbes la examinó y le dejó pasar.

El hombre, que no era otro que Booth, entró en el palco, cerró la puerta por dentro, sacó un revólver Derringer y a continuación descerrajó un disparo sobre la parte posterior de la cabeza de Lincoln. Una nube de humo, seguida de un grito, salió del lugar que ocupaba el presidente. A continuación, con considerable rapidez, Booth saltó del palco al escenario. Cayó mal y esa circunstancia le ocasionó la fractura de un tobillo. Entonces, blandiendo un cuchillo, gritó las palabras «Sic semper tyrannis» (Así suceda siempre a los tiranos).[5] La frase era el lema del estado de Virginia,[6] pero resultaba, ciertamente, apropiada para expresar las motivaciones del crimen, porque no sólo había asesinado al presidente porque lo considerara un tirano, sino también por el daño ocasionado al Sur.

Lincoln fue trasladado a una casa cercana con la cabeza sangrando. No recuperaría ya el conocimiento, pero lucharía con la muerte nueve horas, hasta que a las siete y veintidós minutos de la mañana del 15 de abril de 1865 expiró. Moría precisamente cuando la nación le necesitaba más. La Reconstrucción,[7] uno de los períodos más dolorosos de la Historia de los Estados Unidos, sería llevada a cabo sin él.

LA FE DE LINCOLN

Cualquiera que haya leído con una mínima atención el contenido de las páginas anteriores habrá podido percatarse de que, en contra de lo repetido tantas veces, Lincoln no fue un descreído, un agnóstico y mucho menos un ateo. A decir verdad, como señaló públicamente, incluso desconfiaba de aquellos que, siendo ateos, ocupaban puestos oficiales. Lincoln tenía una fe sólida y profunda, pero no cualquier clase de fe.

En primer lugar, la fe de Lincoln era una fe bíblica. A lo largo de toda su vida, desde la infancia, Lincoln fue un hombre que halló consuelo y orientación en la lectura y la meditación de la Biblia. Abundan los testimonios de personas que lo vieron sumido en su estudio, pero aunque aquellos no existieran bastaría con releer sus discursos para percatarse de que era una persona que conocía muy bien las Escrituras y que las citaba de manera no sólo frecuente sino acertada.

En segundo lugar, la fe de Lincoln fue la propia del que cree en un Dios personal. Lincoln no leyó la Biblia como un simple aficionado al estudio de los clásicos que encontrara en sus páginas un testimonio literario tan notable como el que podríamos hallar en Homero, Cervantes o Shakespeare. Por el contrario, Lincoln estaba convencido de que aquel libro lo ponía en comunicación con Dios y de que ese Dios era el Creador del mundo, que actuaba como soberano en la Historia anunciando o descargando Su juicio sobre la Humanidad, que había venido al mundo para expiar los pecados de los hombres en la cruz y que escuchaba las oraciones.

De todo ello, Lincoln dio repetido testimonio, porque, ciertamente, no se avergonzó nunca de citar las Escrituras o de señalar cómo había puesto en manos de Dios la marcha de la guerra o la promulgación de la Proclama de Emancipación de los esclavos.

Esa fe de Lincoln en el Dios de la Biblia tuvo consecuencias éticas que se manifestaron de manera relevante en sus acciones políticas. Lincoln pudo decir de todo corazón que sentía «malicia hacia nadie y caridad hacia todos». También pudo manifestar ausencia de odio en medio de una terrible guerra civil, pudo abogar por la reconciliación o pudo estrechar las manos de los soldados enemigos a la vez que expresaba su aprecio por ellos.

A pesar de esa altura moral, o precisamente por ella, Lincoln rechazó la soberbia espiritual recordando el dicho de no juzgar para no ser juzgados o reconociendo humildemente que no había que pretender tener a Dios de parte de uno, sino más bien buscar dónde se encuentra Dios para colocarse a Su lado.

Esa fe de Lincoln dejó una marca decisiva, y positiva, en la Historia de los Estados Unidos y se reflejó también en su visión de la democracia. Lincoln estaba convencido de que la democracia no había nacido en el vacío, sino que hundía sus raíces en la cosmovisión contenida en la Biblia. Ciertamente, repudiaba el confesionalismo del Estado (como los Padres fundadores) y no perteneció nunca formalmente a una iglesia a pesar de congregarse los domingos. Tampoco hubiera identificado nunca la Verdad con el credo de una confesión concreta. Sin embargo, al mismo tiempo, era consciente de que la Verdad existía y de que esa Verdad contenida en las Escrituras era la base y el apoyo más sólido de la democracia. Era el libro del Génesis con su afirmación de que todos los hombres habían sido creados a imagen y semejanza del Todopoderoso Dios el que legitimaba la Declaración de Independencia, que insistía en que todos los hombres fueron creados iguales y detentadores de algunos derechos inalienables.

Precisamente por ello, Lincoln podía apelar a principios morales superiores que apuntaban a la esclavitud como una institución perversa de deseable desaparición (por más que la mayoría de los sureños pensara lo contrario) y, a la vez, podía mostrarse magnánimo con aquellos que habían puesto en peligro la existencia de la nación al querer desmembrarla.

Esta convicción en las raíces trascendentales de la democracia confirió a las posiciones de Lincoln una fortaleza especial, pero también dotó a su vida de una notable capacidad de resistencia frente a contratiempos, luchas y amarguras. Ni su vida conyugal ni su existencia doméstica estuvieron exentas de pesares y dolor. Lo mismo puede decirse de su vida política antes y después de llegar a la Casa Blanca. A pesar de todo, como en el momento álgido de batallas como las de Antietam o Gettysburg, siempre contó con el recurso de acudir a Dios, no tanto para pedir Su ayuda para sus propósitos personales, sino para solicitar Su luz a fin de sumarse a Sus fines.

En esta brega que duró años y que llegó a su consumación durante los tiempos difíciles de la guerra civil, Lincoln no se vio libre de tensiones. Sufría con las bajas de sus tropas y con la sangre derramada de las ajenas, con la perspectiva de la devastación y con el temor a una paz para los vencedores únicamente. Lamentaba de manera especial que el bien tuviera que ser conseguido entre el brillo de las bayonetas y el estruendo de los cañones. Al igual que los cuáqueros a los que tanto apreciaba, era víctima de un dilema moral que le obligaba a escoger entre la guerra hasta el final para garantizar la supervivencia de la democracia y el triunfo de la libertad o la paz sumada a una derrota que significaría el final del primer experimento democrático de la Edad Contemporánea y con él, de la libertad. Lo que estaba en juego era, como señaló en la alocución de Gettysburg, si «el gobierno del pueblo, por el pueblo y para el pueblo» no sería arrancado de la faz de la Tierra. Sin embargo, confiaba que en esa lucha que era la del Dios que había creado a todos los hombres iguales contaría también con Su ayuda. Así, finalmente, quedaría de manifiesto que, como indicó en otro de sus discursos, era una obligación moral de todo el género humano ponerse en pie para defender resueltamente aquellos derechos inalienables conferidos por el Creador.

En un Occidente que se ha convertido en un archipiélago de libertades rodeado por un océano de totalitarismos, pero que también ha olvidado que la Historia siempre cobra onerosas facturas a los que deciden actuar en contra de unos principios morales superiores, ese mensaje y esa trayectoria vital no sólo siguen conservando vigencia sino que presentan una urgencia ineludible. Nos recuerdan por encima de todo que la fragilidad humana no es obstáculo para el bien, que las desgracias no deben amilanarnos, que el mal no tiene por qué emerger como vencedor si nuestra fe, como la de Lincoln, está depositada en el Dios de la Biblia.

Bibliografía

La bibliografía sobre Lincoln es muy extensa y prácticamente recibe nuevos aportes de mayor o menor calidad cada mes. Para cuestiones puntuales, remitimos a las notas a final del libro. Por lo que se refiere a temas concretos relacionados con la vida de Lincoln, pueden consultarse las obras siguientes.

I. Biografías de Lincoln

Anderson, David D. *Abraham Lincoln*. Nueva York: Twayne, 1970.

Angle, Paul M., ed. *Herndon's Life of Lincoln*. Nueva York: Albert and Charles Boni, 1930.

———. *The Lincoln Reader*. New Brunswick, NJ: Rutgers UP, 1947.

———. *A Shelf of Lincoln Books*. New Brunswick, NJ: Rutgers UP, 1946.

Arnold, Isaac N. *The History of Abraham Lincoln and the Overthrow of American Slavery*. Chicago: A.C. McClurg, 1866.

———. *The Life of Abraham Lincoln*. Chicago: A.C. McClurg, 1885.

——— y James A. Rawley. *The Life of Abraham Lincoln*. 4a ed. Lincoln, NE: University of Nebraska Press, 1994.

Barton, William E. *A Beautiful Blunder.* Indianápolis: Bobbs-Merrill, 1926.

————. *The Life of Abraham Lincoln,* 2 vols. Indianápolis: Bobbs-Merrill, 1925.

————. *Lincoln at Gettysburg.* Indianapolis: Bobbs-Merrill, 1930.

————. *The Lineage of Lincoln.* Indianapolis: Bobbs-Merrill, 1929.

————. *The Paternity of Abraham Lincoln.* Nueva York: George H. Doran, 1920.

————. *President Lincoln,* 2 vols. Indianapolis: Bobbs-Merrill, 1933.

————. *The Soul of Abraham Lincoln.* Nueva York: George H. Doran, 1920.

————. *The Women Lincoln Loved.* Indianapolis: Bobbs-Merrill, 1927.

Basler, Roy P., ed. *The Collected Works of Abraham Lincoln.* 8 vols. New Brunswick, NJ: Rutgers UP, 1953.

Boritt, Gabor. *The Lincoln Engima: The Changing Faces of an American Icon.* Nueva York: Oxford UP, 2001.

————. *The Lincoln Legend.* Boston y Nueva York: Houghton Mifflin, 1928.

———— y Norman O. Forness, eds. *The Historian's Lincoln: Pseudohistory, Psychohistory, and History.* Champaign, IL: University of Illinois Press, 1996.

Brogan, D. W. *Abraham Lincoln.* Nueva York: Schocken, 1963.

Browne, Francis Fisher. *The Everyday Life of Abraham Lincoln.* Lincoln, NE: University of Nebraska Press, 1995.

Burlingame, Michael. *The Inner World of Abraham Lincoln.* Urbana, IL: University of Illinois Press, 1994.

————. *The Inner World of Abraham Lincoln.* Urbana, IL: University of Illinois Press, 1997.

Carpenter, Francis B. *Six Months at the White House.* Nueva York: Hurd and Houghton, 1866.

Charnwood, Godfrey Rathbone Benson. *Abraham Lincoln*. 3a ed. Nueva York: Henry Holt, 1917.

Charnwood, Lord. *Abraham Lincoln*. Nueva York: Henry Holt, 1917 (existe edición en castellano de la editorial Grijalbo).

D'Aulaire, Ingri, y Edgar Parin d'Aulaire. *Abraham Lincoln*. Garden City, NY: Doubleday, 1957.

Daugherty, James Henry. *Abraham Lincoln*. Nueva York: Viking, 1943.

Davis, Edwin. *Lincoln and Macon County, Illinois, 1830-1831*. Decatur, IL: s.n., 1900.

Dennett, Tyler. *Lincoln and the Civil War in the Diaries and Letters of John Hay*. Nueva York: Dodd, Mead, 1939.

Donald, David. *Lincoln*. Nueva York: Simon and Schuster, 1995.

Fehrenbacher, Don Edward. *The Leadership of Abraham Lincoln*. Nueva York: Wiley, 1970.

———— y Virginia. *Recollected Words of Abraham Lincoln*. Stanford: Stanford UP, 1996.

Gasaquaina, Yunichi. *Life of Lincoln*. Tokyo: 1912.

Guelzo, Allen C. *Abraham Lincoln: The Religion of a President and the Ideas of His Time*. Grand Rapids: Eerdmans, 1999.

Hanchett, William. *Out of the Wilderness: The Life of Abraham Lincoln*. Urbana, IL: University of Illinois Press, 1994.

Hertz, Emanuel, *The Hidden Lincoln*. Nueva York: Viking, 1938.

Hill, Frederick Trevor. *Lincoln the Lawyer*. Nueva York: Century, 1906.

Holland, Josiah G. *The Life of Abraham Lincoln*. Springfield, MA: Gurdon Bill, 1866.

———— y Allen C. Guelzo. *Holland's Life of Abraham Lincoln*. Lincoln, NE: University of Nebraska, 1998.

Holzer, Harold. *Lincoln as I Knew Him: Gossip, Tributes, and Revelations from His Best Friends and Worst Enemies.* 1a ed. Chapel Hill, NC: Algonquin, 1999.

———, Gabor S. Boritt y Mark E. Neely, Jr. *Changing the Lincoln Image.* Fort Wayne, IN: Louis A. Warren Lincoln Library and Museum, 1985.

Hurt, James. *Writing Illinois: The Prairie, Lincoln, and Chicago.* Urbana, IL: University of Illinois Press, 1992.

Jackson, Samuel Trevena. *Lincoln's Use of the Bible.* Ed. reimpresa. Nueva York: Abingdon, 1920.

Jones, Howard. *Abraham Lincoln and a New Birth of Freedom: The Union and Slavery in the Diplomacy of the Civil War.* Lincoln, NE: University of Nebraska Press, 1999.

Lamon, Ward Hill. *The Life of Abraham Lincoln.* Boston: James G. Osgood, 1872.

———. *The Life of Abraham Lincoln: From His Birth to His Inauguration as President.* Ed. reimpresa. Lincoln, NE: University of Nebraska Press, 1999.

Longford, Frank Pakenham. *Abraham Lincoln.* Intro. por Elizabeth Longford. 1a ed. americana. Nueva York: Putnam, 1975.

Maynard, Nettie Colburn. *Was Abraham Lincoln a Spiritualist?: or, Curious Revelations From the Life of a Trance Medium.* Filadelfia: R. C. Hartranft, 1891.

McClure, Alexander K. *Abraham Lincoln and Men of War Time.* Filadelfia: Times Publishing, 1892.

Miers, Earl S., ed. *Lincoln Day by Day: A Chronology, 1809-1865.* Washington D.C.: Lincoln Susquicentennial Commission, 1960.

Mitgang, Herbert, ed. *Abraham Lincoln, a Press Portrait: His Life and Times from the Original Newspaper Documents of the Union, the Confederacy, and Europe.* Chicago: Quadrangle, 1971.

Monagha, Jay. *Lincoln Bibliography, 1839-1939*. Prólogo por James G. Randall. 2 vols. Springfield, IL: Illinois State Historical Library, 1943.

Morris, Jan. *Lincoln: A Foreigner's Quest*. Nueva York: Simon & Schuster, 2000.

Morse, John T., Jr. *Abraham Lincoln*. Boston: Houghton Mifflin, 1893.

Neely, Mark E. *The Abraham Lincoln Encyclopedia*. Nueva York: McGraw-Hill, 1982.

———. *The Fate of Liberty: Abraham Lincoln and Civil Liberties*. Nueva York: Oxford UP, 1992.

———. *The Last Best Hope of Earth: Abraham Lincoln and the Promise of America*. Cambridge, MA: Harvard UP, 1993.

———. *The Last Best Hope of Earth: Abraham Lincoln and the Promise of America*. Cambridge, MA: Harvard UP, 1995.

——— y Harold Holzer. *The Lincoln Family Album*. Nueva York: Doubleday, 1990.

Nicolay, John G. y John Hay. *Abraham Lincoln: A History*. 10 vols. Nueva York: Century, 1890.

———. *Complete Works of Abraham Lincoln*. 2 vols. Nueva York: Century, 1894.

Oates, Stephen B. *With Malice Toward None: The Life of Abraham Lincoln*. Nueva York: Harper Perennial Library, 1994 (existe una edición en castellano de una versión anterior del libro, con el título de *El verdadero Lincoln*, México: Lasser Press, 1979).

Oberholtzer, Ellis Paxson. *Abraham Lincoln*. Filadelfia: G. W. Jacobs, 1904.

Paulmier, Hilah, ed. *Abe Lincoln: An Anthology*. Ilus. Lee Ames. Nueva York: Knopf, 1953.

Phillips, Isaac N. *Abraham Lincoln*. Bloomington, IL: 1901.

Putnam, George Haven. *Abraham Lincoln: The People's Leader in the Struggle in National Existence*. Nueva York: Putnam, 1909.

Radford, Victoria, ed. *Meeting Mr. Lincoln: Firsthand Recollections of Abraham Lincoln by People, Great and Small, Who Met the President*. Chicago: Ivan R. Dee, 1998.

Rankin, Henry B. *Intimate Character Sketches of Abraham Lincoln*. Filadelfia: J.B. Lippincott, 1924.

———. *Personal Recollections of Abraham Lincoln*. Nueva York: Knickerbocker, 1916.

Raymond, Henry J. *The Life and Public Services of Abraham Lincoln*. Nueva York: Darby and Miller, 1865.

Reinking, Donna. *Lincoln in Bloomington-Normal: A Historical Tour of Lincoln Sites in Bloomington and Normal, Illinois*. Bloomington, IL: McLean County Historical Society, 1998.

Rice, Allen Thorndike, ed. *Reminiscences of Abraham Lincoln by Distinguished Men of His Time*. Nueva York: North American Review, 1885.

Robinson, Luther Emerson. *Abraham Lincoln as a Man of Letters*. Folcroft, PA: Folcroft Library Editions, 1974.

Sandburg, Carl. *Abraham Lincoln: The Prairie Years*. 2 vols. Nueva York: Harcourt, Brace, 1926.

Schurz, Carl. *Abraham Lincoln, A Biographical Essay*. Boston: Houghton Mifflin, 1907.

———, ed. *Abraham Lincoln*. Berlin: G. Reimer, 1908.

———, ed. *Abraham Lincoln*. Boston: Houghton Mifflin, 1913.

Schwartz, Thomas F. y Kim M. Bauer. *Selected Readings on Abraham Lincoln*. Springfield, IL: Illinois Historic Preservation Agency, 1998.

Schwartz, Barry. *Abraham Lincoln and the Forge of National Memory*. Chicago: University of Chicago Press, 2000.

Shaw, Albert. *Abraham Lincoln.* Nueva York: Review of Reviews, 1929.

Shaw, Archer H., ed. *The Lincoln Encyclopedia.* Nueva York: Macmillan, 1950.

Stevens, Walter B. y Michael Burlingame, eds. *A Reporter's Lincoln.* Lincoln, NE: University of Nebraska Press, 1998.

Stoddard, William Osborn. *The Boy Lincoln.* Nueva York: New York Book, 1905.

Tarbell, Ida. *The Early Life of Abraham Lincoln.* Nueva York: S. S. McClure, 1900.

———. *In the Footsteps of the Lincolns.* Nueva York: Harper and Brothers, 1924.

———. *The Life of Abraham Lincoln.* 2 vols. Nueva York: Doubleday and McClure, 1900.

——— y Kenneth J. Winkle. *Abraham Lincoln and His Ancestors.* Lincoln, NE: University of Nebraska Press, 1997.

Teillard, Dorothy Lamon, ed. *Recollections of Abraham Lincoln by Ward Hill Lamon, 1847-1965.* Chicago: A.C. McClurg, 1895.

Thomas, Benjamin Platt. *Abraham Lincoln: A Biography.* 1a ed. Nueva York: Knopf, 1952.

Vidal, César. *Lincoln.* 2a ed. Barcelona: Planeta, 2009.

Wallace, Frances Jane Todd. *Mrs. Frances Jane (Todd) Wallace Describes Lincoln's Wedding.* Harrogate, TN: Lincoln Memorial UP, 1960.

Warren, Louis A. *Lincoln's Parentage and Childhood.* Nueva York: Century, 1928.

Weik, Jesse. *The Real Lincoln.* Boston y Nueva York: Houghton Mifflin, 1922.

Whitney, Henry Clay. *Life on the Circuit with Lincoln.* Boston: Estes and Lauriat, 1892.

———. *Life on the Circuit with Lincoln*, con una introducción nueva por Paul Angle. Caldwell, ID: Caxton Printers, Ltd. 1940.

Wilson, Douglas L. *Honor's Voice: The Transformation of Abraham Lincoln.* Nueva York: Knopf, 1998.

———, Rodney O. Davis y Terry Wilson, eds. *Herndon's Informants: Letters, Interviews, and Statements About Abraham Lincoln.* Urbana. IL: University of Illinois Press, 1998.

Zall, P. M., ed. *Abe Lincoln Laughing: Humorous Anecdotes from Original Sources by and About Abraham Lincoln.* Nashville: University of Tennessee Press, 1995.

II. LA PRESIDENCIA DE LINCOLN

Allen, Joseph Henry. *The Fourth of March.* Boston: Crosby, Nichols, 1865.

Burlingame, Michael. *With Lincoln in the White House: Letters, Memoranda, and Other Writings of John G. Nicolay, 1860-1865.* Carbondale: Southern Illinois UP, 2000.

Chadwick, Bruce. *The Two American Presidents: A Dual Biography of Abraham Lincoln and Jefferson Davis.* Nueva York: Carol, 1998.

Current, Richard, ed. *The Political Thought of Abraham Lincoln.* Ed. reimpresa. Nueva York: Macmillan, 1987.

Edmonds, George. *Facts and Falsehoods Concerning the War on the South 1861-1865.* Ed. reimpresa. Wiggins, MS: Crown Rights, 1997.

Ewing, Cortez Arthur Milton. *Presidential Elections from Abraham Lincoln to Franklin D. Roosevelt.* Ed. reimpresa. Norman, OK: University of Oklahoma Press, 1940.

Eyster, Nellie Blessing. *Friends with Lincoln in the White House.* Filadelfia, 1912.

Foner, Eric y Olivia Mahoney. *A House Divided: America in the Age of Lincoln.* Chicago: Chicago Historical Society, 1991.

Hay, John. *Inside Lincoln's White House: The Complete Civil War Diary of John Hay.* Michael Burlingame y John R. Turner Ettlinger, eds. Carbondale, IL: Southern Illinois UP, 1997.

Holzer, Harold, ed. *Dear Mr. Lincoln: Letters to the President.* Reading, MA: Addison-Wesley, 1993.

———. *The Lincoln Mailbag: American Writes to the President, 1861-1865.* Carbondale, IL: Southern Illinois UP, 1998.

Hope, Eva. *New World Heroes: Presidents Lincoln and Garfield.* London: W. Scott, 1863.

Jaffa, Henry V. *A New Birth of Freedom: Abraham Lincoln and the Coming of the Civil War.* Lanham, MD: Rowman & Littlefield, 2000.

Klement, Frank L. y Steven K. Rogstad. *Lincoln's Critics: The Copperheads of the North.* Shippensburg, PA: White Mane Books, 1999.

Lindsey, David. A. *Lincoln/Jefferson Davis: The House Divided.* Cleveland: H. Allen, 1960.

Lowry, Thomas P. *Don't Shoot That Boy!: Abraham Lincoln and Military Justice.* Mason City, IA: Savas, 1999.

McClure, Alexander Kelly. *Abraham Lincoln and Men of War-Times: Some Personal Recollections of War and Politics During the Lincoln Administration.* Intro. por A. C. Lambdin: Filadelfia: Times, 1892.

———. *Abraham Lincoln and Men of War-Times: Some Personal Recollections of War and Politics During the Lincoln Administration.* 4a ed. Intro. por James A. Rawley. Lincoln, NE: University of Nebraska Press, 1996.

McGinnis, Ralph Y. *Abraham Lincoln and the Western Territories.* Chicago: Nelson-Hall, 1993.

Mearns, David C. *The Lincoln Papers.* 2 vol. Garden City, NY: Doubleday, 1948.

Milkis, Sidney M. y Michael Nelson. *The American Presidency: Origins and Development, 1776-1998.* 3a ed. Washington, DC: CQ Press, 1999.

Monaghan, Jay. *Abraham Lincoln with Foreign Affairs: A Diplomat in Carpet Slippers.* Intro. por Howard Jones. Lincoln, NE: University of Nebraska Press, 1997.

Neely, Mark E., Jr. *The Last Best Hope of Earth: Abraham Lincoln and the Promise of America.* Cambridge, MA: Harvard UP, 1993.

Paludan, Phillip S. *The Presidency of Abraham Lincoln.* Lawrence, KA: University Press of Kansas, 1994.

Randall, James G. *Lincoln the President: Springfield to Gettysburg.* 2 vols. Nueva York: Dodd, Mead, 1945.

Sandburg, Carl. *Abraham Lincoln: The War Years.* 4 vols. Nueva York: Harcourt, Brace, 1939.

Sheffer, Martin S. *Presidential Power: Case Studies in the Use of the Opinions of the Attorney General.* Lanham, MD: University Press of America, 1991.

Simon, John Y., Harold Holzer y William D. Pederson. *Lincoln, Gettysburg and the Civil War.* Mason City, IA: 1999.

Waugh, John C. *Reelecting Lincoln: The Battle for the 1864 Presidency.* Nueva York: Crown, 1998.

Wilbur, Henry Watson. *President Lincoln's Attitude towards Slavery and Emancipation: With a Review of Events Before and Since the Civil War.* Filadelfia: WH Jenkins, 1914.

Wilson, Douglas L. *Lincoln Before Washington: New Perspectives on the Illinois Years.* Urbana, IL: University of Illinois Press, 1997.

III. Obras de Lincoln

Andrews, Mary Raymond Shipman. *Lincoln Got No Applause at Gettysburg: "The Perfect Tribute"*. Nueva York: Scribner, 1906.

———. *Lincoln Got No Applause at Gettysburg: "The Perfect Tribute"*. Ed. reimpresa. Springfield, IL: ADS Press, 1987.

Angle, Paul y David Zarefsky. *Complete Lincoln-Douglas Debates of 1858*. Chicago: University of Chicago Press, 1991.

Holms, John P. y Karin Baji. *Bite-size Lincoln*. Nueva York: St. Martin's, 1999.

Lincoln, Abraham. *Abraham Lincoln: A Documentary Portrait Through His Speeches and Writings*. Ed. Don E. Fehrenbacher. Stanford: Stanford UP, 1964.

Lincoln, Abraham. *Abraham Lincoln: A Documentary Portrait Through His Speeches and Writings*. Don E. Fehrenbacher, ed. Stanford: Stanford UP, 1977.

———. *A Commitment to Honor: A Unique Portrait of Abraham Lincoln in His Own Words*. Gordon Leidner, ed. Nashville: Rutledge Hill, 1999.

McGinnis, Ralph Y., ed. *Quotations from Abraham Lincoln*. Chicago: Nelson-Hall, 1977.

Plowden, David. *Lincoln and His America 1809-1865, With the Words of Abraham Lincoln*. Nueva York: Viking, 1970.

Swank, Walbrook D. *Old Abe's Jokes: Humorous Stories Told of and by Abraham Lincoln*. Civil War Heritage Series, vol. 9. Shippensburg, PA: Burd Street, 1996.

Notas

Capítulo 1

1. Sobre la cuestión de la esclavitud en general, véanse: D. Brion Davis, *The Problem of Slavery in the Age of Revolution* (Ithaca, NY: Cornell UP, 1975); D. J. MacLeod, *Slavery, Race and the American Revolution* (Cambridge: Cambridge UP, 1974; D. L. Robinson, *Slavery in the Structure of American Politics, 1765-1820* (Nueva York: W. W. Norton, 1971).

2. La visión en la ilustrada Europa era aun peor. En la *Enciclopedia*, la obra cumbre de la Ilustración francesa, se recogen artículos de legitimación de la esclavitud, algo no tan extraño si se tiene en cuenta que el propio Voltaire se labró una notable fortuna recurriendo al tráfico de esclavos africanos. Al respecto, véase: C. Vidal, *Los textos que cambiaron la Historia* (Barcelona: Planeta, 2000).

3. Un análisis interesante del tema en P. J. Staudenraus, *The African Colonization Movement, 1816-1865* (Nueva York: Colombia UP, 1961).

4. Ésta es la tesis sotenida por el análisis, muy racista pero sólido, de U. B. Phillips, *Negro Slavery: A Survey of the Supply, Employment and Control of Negro Labor as Determined by the Plantation Regime* (Nueva York: D. Appelton, 1918). Sin embargo, a pesar de la envergadura de la obra, su opinión no ha permanecido indiscutida.

Dos posiciones totalmente contrarias a ella en L. C. Gray, *History of Agriculture in the Southern United States to 1860*, 2 vols. (Washington: Carnegie Institution of Washington, 1933) y K. M. Stampp, *The Peculiar Institution: Slavery in the Ante-Bellum South* (Nueva York: Knopf, 1956). Ambos autores sostienen que la esclavitud era considerablemente rentable.

5. Resulta difícil minimizar el temor a una sublevación de esclavos que vivieron los estados sureños, especialmente después del episodio de Haití. Al respecto, puede verse: A. H. Hunt, *Haiti's Influence on Antebellum America: Slumbering Volcano in the Caribbean* (Baton Rouge: LSU 1988); J. C. Carroll, *Slave Insurrections in the United States, 1800-1865* (Boston: Chapman and Grimes, 1938).

6. La defensa de los derechos de cada estado como motivo fundamental de la guerra que se libraría a partir de 1861 continúa siendo un argumento esgrimido por los historiadores simpatizantes con los estados sureños. En los últimos años, también ha sido utilizado por obras de divulgación como las de J. R. Kennedy y W. D. Kennedy, *The South was Right!* (Gretna, LA: Pelican, 1998) y de M. A. Grissom, *Southern by the Grace of God* (Gretna, LA: Pelican, 1999 e Idem, *The Last Rebel Yell* (Wynnewood, OK: Rebel Press, 1991). En todos los casos, la cuestión de la esclavitud queda difuminada en medio de un discurso que se autodefine como de «nacionalismo sureño».

7. Exactamente 1.125.000 kilómetros cuadrados, frente a los 750.000 de los estados libres.

8. Exactamente Delaware, Maryland, Virginia, Carolina del Norte, Carolina del Sur, Georgia, Alabama, Mississippi, Louisiana, Tennessee y Kentucky. Estados libres eran New Hampshire, Vermont, Massachusetts, Rhode Island, Connecticut, Nueva York, New Jersey, Pennsylvania, Ohio, Indiana e Illinois.

9. El mejor estudio sobre Nat Turner continúa siendo el de S. B. Oates, *The Fires of Jubilee: Nat Turner's Fierce Rebellion* (Nueva York: Harper Perennial, 1975).

10. La figura del juez Taney resulta innegablemente apasionante y tuvo una enorme importancia en el desarrollo ulterior de los acontecimientos en Estados Unidos hasta bastante tiempo después de iniciada la presidencia de Lincoln. Sobre él puede consultarse: C. B. Swisher, *Roger B. Taney* (Nueva York: Macmillan, 1935).

11. Sólo más tarde, en 1855, se avinieron a entregar ciento diez mil libras en calidad de compensación.

12. Sobre la ley del esclavo fugitivo, véase: S. W. Campbell, *The Slave Catchers: Enforcement of the Fugitive Slave Law, 1850-1860* (Chapel Hill, NC: University of North Carolina Press, 1970); C. Wilson, *Freedom at Risk: The Kidnapping of Free Blacks in America, 1780-1865* (Lexington, KY: University of Kentucky Press, 1994).

13. Acerca del ferrocarril subterráneo, véase: L. Gara, *The Liberty Line* (Lexington, KY: University of Kentucky Press, 1961); y, muy especialmente, C. Blockson, *The Underground Railroad* (Nueva York: Prentice Hall, 1987).

14. Sobre esta novela y su influencia sigue siendo de especial interés la obra de T. F. Gossett, *Uncle Tom's Cabin and the American Culture* (Dallas: Southern Methodist UP, 1985). De obligada consulta sobre su autora es la biografía de Joan D. Hedrick, *Harriet Beecher Stowe: A Life* (Nueva York: Oxford UP, 1994).

Capítulo 2

1. De la expresión inglesa «undistinguished family» que Lincoln utilizó en una autobiografía dirigida a su amigo republicano Jesse Fell, que se incluyó en un periódico de Pennsylvania el 11 de febrero de 1860.

2. La expresión en tercera persona de la autobiografía de Lincoln que escribió a petición de John L. Scripps de Chicago Press y Tribune en la época en que se postuló por primera vez a la presidencia. Reproducida en P. Van Doren Stern, ed., *The Life and Writings of Abraham Lincoln* (Nueva York: Modern Library, 2000), pp. 599 ss.

3. W. J. Wolf, *The Religion of Abraham Lincoln* (Nueva York: Seabury, 1963), p. 46 ss.

4. Carta de Mentor Graham a B. F. Irwin, de 12 de marzo de 1874.

5. *Sangamo Journal*, 15 marzo 1832.

6. Stephen B. Oates, *With Malice Toward None: The Life of Abraham Lincoln* (Nueva York: Harper Perennial Library, 1994), p. 51.

7. Citado en Wolf, *Religion of Abraham Lincoln*, p. 63.

8. Oates, p. 93.

9. En un folleto a los votantes del séptimo distrito del Congreso, defendiéndose de la acusación de infidelidad.

10. De acuerdo con aquella paz, Estados Unidos se comprometía a abonar a México quince millones de dólares y a asumir las deudas que tuvieran con ciudadanos norteamericanos. A cambio, México reconocía la frontera del río Grande y entregaba California y el territorio de Nuevo México.

Capítulo 3

1. W. Barton, *Soul of Abraham Lincoln* (1920), p. 164.

2. *The Collected Works of Abraham Lincoln* (en adelante CWAL), (New Brunswick, NJ: Rutgers UP, 1953), vol. II, p. 97.

3. De un documento conocido como "Notes for a Law Lecture", fechado 1 julio 1850, recogido por John Nicolay y John Hay, los secretarios de la Casa Blanca.

4. Sobre el enfrentamiento entre Lincoln y Douglas puede consultarse: D. E. Fehrenbacher, *Prelude to Greatness: Lincoln in the 1850s*

(Stanford, CA: Stanford UP, 1962); H. V. Jaffa, *Crisis of the House Divided: An Interpretation of the Issues in the Lincoln-Douglas Debate* (Garden City, NY: Doubleday, 1959) y más reciente D. Zarefsky, *Lincoln, Douglas and Slavery: In the Crucible of Public Debate* (Chicago: University of Chicago Press, 1990).

5. "Speech at Peoria, Illinois, in Reply to Senator Douglas", 16 octubre 1857, citado en P. Van Doren Stern, *Life and Writings of Abraham Lincoln*, pp. 338 ss.

6. Ibid.

7. Ibid.

8. Discurso en Kalamazoo, Michigan, 27 agosto 1856.

9. Ibid.

10. Discurso de 26 junio 1857 pronunciado en el edificio estatal de Illinois. Citado en P. Van Doren Stern, *Life and Writings of Abraham Lincoln*, pp. 414 ss.

11. Ibid.

12. Discurso "Una casa dividida", reproducido en P. Van Doren Stern, *Life and Writings of Abraham Lincoln*, pp. 428 ss.

13. Citado por B. P. Thomas, *Abraham Lincoln* (Nueva York: Alfred A. Knopf, 1952), p. 183.

14. Discurso en Chicago, 10 julio 1858, citado en P. Van Doren Stern, *Life and Writings of Abraham Lincoln*, pp. 439 ss.

15. "Speech at Lewiston", CWAL, vol. III, 17 agosto 1858.

16. Discurso de 16 septiembre 1859.

17. Acerca de las elecciones presidenciales de 1860, véase: E. D. Fite, *Presidential Campaign of 1860* (Nueva York: Macmillan, 1911); R. H. Luthin, *The First Lincoln Campaign* (Cambridge: Harvard UP, 1944) y O. Crenshaw, *The Slave States in the Presidential Elections of 1860* (Baltimore: John Hopkins, 1945).

Capítulo 4

1. Sobre los inicios de la secesión véase: D. L. Dumond, *The Secession Movement, 1860-1861* (Nueva York; Macmillan, 1931); y R. A. Wooster, *The Secession Conventions of the South* (Princeton: Princeton UP, 1962). Un interesante estudio sobre el papel de la prensa en D. E. Reynolds, *Editors Make War: Southern Newspapers in the Secession Crisis* (Nashville: Vanderbilt UP, 1970).

2. La historia de la Confederación cuenta con una bibliografía muy abundante. De especial interés resultan: E. M. Thomas, *The Confederate Nation: 1861-1865* (Nueva York: Harper and Row, 1979); E. Merton Coulter, *The Confederate States of America* (Baton Rouge: Louisiana State UP, 1950); C. Eaton, *A History of Southern Confederacy* (Nueva York: Macmillan, 1954); C. P. Roland, *The Confederacy* (Chicago: University of Chicago, 1960) y F. E. Vandiver, *Their Tattered Flag: The Epic of the Confederacy* (Nueva York: Harper's Magazine Press, 1970).

3. Acerca de Fort Sumter, véase: W. A. Swanberg, *First Blood: The Story of Fort Sumter* (Nueva York: Scribner's, 1957); R. Meredith, *Storm over Sumter: The Opening Engagement of the Civil War* (Nueva York: Simon and Schuster, 1957) y R. N. Current, *Lincoln and the First Shot* (Filadelfia, 1863).

4. Acerca de Jefferson Davis, véase: W. C. Davis, *Jefferson Davis: The Man and His Hour* (Nueva York: Harper Collins, 1991, la más actualizada); H. Strode, *Jefferson Davis* (Nueva York: Harcourt, Brace, 1955-1964), 3 volúmenes; y R. W. Patrick, *Jefferson Davis and His Cabinet* (Baton Rouge, LA: Louisiana State UP, 1944).

Capítulo 5

1. Discurso de 11 febrero 1861, "Farewell Adress at Springfield, Illinois", citado en P. Van Doren Stern, *Life and Writings of Abraham Lincoln*, pp. 635 ss.

2. La bibliografía sobre la guerra civil americana es muy extensa. Entre las obras de consulta obligatoria debe mencionarse la trilogía de Bruce Catton, *The Coming Fury, Terrible Swift Sword* y *Never Call Retreat* (Nueva York: Doubleday, 1961-65); las excelentes y actualizadas de J. McPherson, *Battle Cry of Freedom: The Civil War Era* (Nueva York: Oxford UP, 1988) y *Ordeal By Fire: The Civil War and Reconstruction* (Nueva York: Knopf, 1992); la clásica de J. G. Randall y D. Donald, *The Civil War and Reconstruction* (Lexington, MA: DC Heath, 1969), 2ª ed; C. P. Roland, *An American Iliad: The Story of the Civil War* (Lexington, KY: University of Kentucky, 1991), muy centrada en cuestiones militares; J. Rogers Hummel, *Emancipating Slaves, Enslaving Free Men. A History of the American Civil War* (Chicago y La Salle: Open Court, 1996), muy crítica con la figura de Lincoln en la medida en que lo considera un antecedente del estado posterior. Un análisis centrado en el Sur se encuentra en G. W. Gallagher, *The Confederate War* (Cambridge, MA: Harvard UP, 1997). Un estudio breve de las cuestiones militares se halla en J. Clauss, *A Concise History of the Civil War 1861-1865* (Mattituck: J. M Carroll, 1988). La obra de H. Hattaway y A. Jones, *How the North Won the War* (Urbana y Chicago: University of Chicago, 1991), es, posiblemente, la mejor historia militar en un solo volumen, hasta cierto punto complementada por R. E. Beringer, H. Hattaway, A. Jones y W. N. Still, Jr., *Why the South Lost the Civil War* (Athens, GA: University of Georgia, 1986).

3. Acerca de los voluntarios unionistas al inicio de la guerra civil, véase: A. H. Meneely, *The War Department, 1861: A Study in Mobilization and*

Administration of the Union Army (Nueva York: Colombia UP, 1928), 2
vols, que sigue siendo un clásico útil, y las secciones específicas en M.
Cunliffe, *Soldiers and Civilians: The Martial Spirit in America, 1775-
1865* (Boston: Little, Brown, 1968) y M. G. Henry, *History of Military
Mobilization in the United States, 1775-1945* (Washington, DC:
Government Printing Office, 1955).

4. "Proclamation Calling 75,000 Militia, and Convening Congress in
    Extra Session, April 15, 1861", citado en P. Van Doren Stern, *Life and
    Writings of Abraham Lincoln*, pp. 659 ss.

5. Sobre Robert E. Lee, véanse: D. S. Freeman, *R. E. Lee: A Biography*
    (Nueva York: Scribner, 1934-5), 4 volúmenes (la más extensa pero no
    la mejor de las biografías dedicadas al general), E. M. Thomas, *Robert
    E. Lee: A Biography* (Nueva York: W. W. Norton, 1995) y H. A. White,
    Robert E. Lee and the Southern Confederacy, 1807-1870 (Nueva York,
    1968).

6. Sobre Bull Run aparte de las secciones en las historias de la guerra civil
    mencionadas, existe una notable bibliografía. Posiblemente el mejor
    libro sobre la batalla continúa siendo el de R. H. Beatie, *Road to
    Manassas* (Nueva York: Cooper Square, 1961). Posterior y también de
    interés resulta W. C. Davis, *Battle at Bull Run: a History of the First
    Major Campaign of the Civil War* (Baton Rouge, LA: Lousiana State
    UP, 1977).

7. Véase pp. 7 en el capítulo 1.

8. CWAL, vol. IV, p. 482.

9. McClellan es un personaje considerablemente controvertido, con
    razón, y esa circunstancia se refleja en la bibliografía dedicada a su
    estudio. W. W. Hassler Jr. es favorable al general en *General George B.
    McClellan: Shield of the Union* (Baton Rouge, LA: Louisiana State UP,
    1957). Por el contrario, S. W. Sears, *George B. McClellan: The Young
    Napoleon* (Nueva York: Ticknor & Fields, 1988), lo presenta bajo una

luz más crítica. Un enfoque casi apologético de McClellan en J. L. Harsh, "On the McClellan-Go-Round" en J. T. Hubbell (ed.), *Battles Lost and Won: Essays from Civil War History* (Westport, CO: Greenwood, 1975).

Capítulo 6

1. Citado en Elizabeth Keckley, *Behind the Scenes, or Thirty Years a Slave and Four Years in the White House* (Nueva York: G. W. Carleton, 1862), pp. 32 ss.

2. Reproducido en Wolf, *Religion of Abraham Lincoln*, p. 122.

3. Tarbell, *The Life of Abraham Lincoln*, vol. II, pp. 89-92.

4. De especial interés sobre Grant resultan W. S. Mc Feely, *Grant: A Biography* (Nueva York: Norton, 1981); B. D. Simpson, *Let Us Have Peace: Ulysses S. Grant and the Politics of War and Reconstruction, 1861-1868* (Chapel Hill: University of North Carolina, 1991) y las dos obras de B. Catton, *Grant Moves South* (Boston: Little, Brown, 1960) y *Grant Takes Command* (Boston: Little, Brown, 1969). Un estudio comparativo con Lee, favorable a Grant, lo encontramos en J. F. C. Fuller, *Grant and Lee: A Study in Personality and Generalship* (Bloomington, IN: Indiana UP, 1957), 2ª ed. Grant escribió unas memorias que son de interés: U. S. Grant, *Personal Memoirs of U. S. Grant* (Nueva York: Dover, 1995).

5. Además de las partes dedicadas a la batalla en las historias de la guerra civil citadas, puede consultarse: S. W. Sears, *Landscape Turned Red: The Battle of Antietam* (Nueva York: Ticknor & Fields, 1983), posiblemente el mejor estudio; y J. V. Murfin, *The Gleam of Bayonets: The Battle of Antietam and the Maryland Campaign of 1862* (Nueva York: T. Yoseloff, 1965).

Capítulo 7

1. Hemos seguido el relato del propio Salomon Chase reproducido en R. B. Warden, *Life of S. P. Chase*, pp. 481-2, citado por Nicolay y Hay, *Abraham Lincoln: A History*, 1890, vol. VI, pp. 159-60.

2. Francis B. Carpenter, *Six Months at the White House with Abraham Lincoln* (Nueva York: Hurd and Houghton, 1866), pp. 89-90.

3. "The Diary of Gideon Welles" en *Atlantic Monthly*, 1909, p. 369.

4. CWAL, vol. V, pp. 388-89.

5. CWAL, vol. V, pp. 419-25.

6. CWAL, vol. V, pp. 419-25.

7. CWAL, vol. V, p. 478.

8. La Sociedad de los Amigos es uno de los nombres con que se conoce habitualmente a los cuáqueros.

9. CWAL, vol. VII, p. 535.

10. "Annual Message to Congress, December 1862", CWAL, vol. V, pp. 518-37.

11. Aparte de las secciones sobre Gettysburg en las historias de la guerra civil mencionadas, pueden consultarse: E. B. Coddington, *The Gettysburg Campaign: A Study in Command* (Nueva York: Charles Scribner's Sons, 1968) y H. W. Pfanz, *Gettysburg: The Second Day* (Chapel Hill, NC: University of North Carolina, 1987).

12. El episodio aparece relatado en W. J. Johnstone, *Abraham Lincoln: The Christian* (1923), p. 113, y cuenta con una nota de confirmación de 11 de febrero de 1911 escrita por el general Sickles y de otra de 17 de febrero de 1910 debida al general Rusling.

Capítulo 8

1. "The Gettysburg Address", 19 noviembre 1863, citado en P. Van Doren Stern, *Life and Writings of Abraham Lincoln*, pp. 788 ss.

2. Ibid.

3. Ibid.

4. Ibid.

5. "Memorandum to his Cabinet", 23 agosto 1864, citado en P. Van Doren Stern, *Life and Writings of Abraham Lincoln*, pp. 823 ss.

6. El *Charleston Courier*, por ejemplo, afirmó que «nuestro éxito en la batalla asegura el éxito de McClellan. Nuestro fracaso conducirá inevitablemente a su derrota» (citado en B. P. Thomas, *Abraham Lincoln*, p. 446).

7. "Responses to Serenades on the Occasion of His Re-election", 10 noviembre 1864, citado en P. Van Doren Stern, *Life and Writings of Abraham Lincoln*, p. 827.

8. Sobre la parte final de la guerra, aparte de los capítulos específicos en las historias de la guerra civil, véase: A. Castel, *Decision in the West: The Atlanta Campaign of 1864* (Lawrence, KA: University Press of Kansas, 1992); J. T. Glatthaar, *The March to the Sea and Beyond* (Nueva York: New York UP, 1985); L. Kennett, *Marching through Georgia* (Nueva York: HarperCollins, 1995).

9. Contra lo que pueda creerse a primera vista, el motivo de las deserciones no era la cobardía, sino la creciente sensación de que la guerra que libraban los secesionistas sureños era injusta. El hecho de que Dios, en el que creían con verdadero fervor los confederados, estuviera enviando sobre ellos derrota tras derrota y desastre tras desastre quizá se debía al hecho de que su causa, especialmente la esclavitud, distaba mucho de ser la Suya. Esta reflexión tuvo un enorme poder en el desmoronamiento de la moral sureña. Al respecto, puede verse un análisis interesante en Beringer, Hattaway, Jones y Still, Jr., *Why the South Lost the Civil War*, pp. 336 y ss. Un estudio monográfico de especial interés es E. D. Genovese, *A Consuming Fire:*

The Fall of the Confederacy in the Mind of the White Christian South (Athens, GA: University of Georgia, 1998).

10. El mejor estudio de la campaña es W. Sword, *The Confederacy's Last Hurrah: Spring Hill, Franklin y Nashville* (Lawrence, KA: University Press of Kansas, 1992).

11. Sobre la reelección, véanse: D. Long, *The Jewel of Liberty: Abraham Lincoln's Re-election and the End of Slavery* (Mechanicsburg, PA: Stackpole, 1994) y, desde el punto de vista de la Confederación, L. E. Nelson, *Bullets, Ballots and Rhetoric: Confederate Policy for the United States Presidential Contest of 1864* (University, AL: University of Alabama, 1980).

12. "Second Inaugural Address", 4 marzo 1865, citado en P. Van Doren Stern, *Life and Writings of Abraham Lincoln*, pp. 839 ss.

13. Ibid.

14. Ibid.

15. Ibid.

16. Ibid.

17. Ibid.

18. B. P. Thomas, *Abraham Lincoln*, p. 512.

19. Al respecto puede verse: A. Rolle, *The Lost Cause: The Confederate Exodus to Mexico* (Norman, OK; University of Oklahoma, 1992).

20. Walter Millis, *Arms and Men: A Study in American Military History* (Nueva York: G. P. Putnam's Sons, 1956), p. 125.

21. J. R. Hummel, p. 194.

Capítulo 9

1. La bibliografía sobre el asesinato de Lincoln es muy extensa y en algunos casos contiene teorías sobre las conspiraciones que concluyeron en su muerte, cuando menos, pintorescas. La obra clásica sigue siendo J. Bishop, *The Day Lincoln Was Shot* (Nueva York:

Harper, 1955). Sobre el proceso de los implicados en el asesinato, véase: T. R. Turner, *Beware the People Weeping: Public Opinion and the Assassination of Abraham Lincoln* (Baton Rouge, LA: Louisiana State UP, 1982). Un análisis sensato sobre las distintas teorías de la conspiración aparece en W. Hanchett, *The Lincoln Murder Conspiracies* (Urbana, IL: University of Illinois, 1983).

2. Grant había llegado a la capital el día antes.

3. B. P. Thomas, *Abraham Lincoln*, p. 517.

4. El texto puede encontrarse en M. M. Cuomo y H. Holzer, eds., *Lincoln on Democracy* (Nueva York: Dover, 1991), pp. 349 ss.

5. Las razones para la acción de Booth han sido objeto de considerable controversia. En mi opinión, actualmente no puede negarse que era un agente al servicio de los nacionalistas sureños que no dudó en asesinar al presidente. La implicación de los servicios de inteligencia confederados ha quedado irrefutablemente establecida en dos obras: W. A. Tidwell, James O. Hall y D. W. Gaddy, *Come Retribution: The Confederate Secret Service and the Assassination of Lincoln* (Jackson, MS: University Press of Mississippi, 1988) y W. A. Tidwell, *April '65: Confederate Covert Action and the American Civil War* (Kent, OH: Kent State UP, 1995).

6. El destino posterior de John Wilkes Booth ha sido objeto de considerable especulación. Oficialmente, su persecución concluyó el 26 de octubre cuando fue abatido a tiros en un granero cercano a Bowling Green, Virginia, a unos cien kilómetros al sur de Washington. Sin embargo, para los distintos autores que han explicado la muerte de Lincoln como consecuencia de una conspiración en la que participaron políticos y funcionarios unionistas contrarios a su política de la «mano tendida», Booth habría logrado escapar al extranjero y, quizá, regresar posteriormente a Estados Unidos. Ésta es la tesis de D. Balsiger y C. E. Sallier, Jr. en *The Lincoln Conspiracy* (Los Angeles:

Schick Sunn Classic Books, 1977). El libro, que fue llevado a la pequeña pantalla en una producción realmente sugestiva, muestra incluso la supuesta momia de Booth.

7. Sobre la Reconstrucción, véase: C. G. Bowers, *The Tragic Era: The Revolution After Lincoln* (Cambridge, MA: Houghton Mifflin, 1929) y W. A. Dunning, *Reconstruction: Political and Economic, 1865-1877* (Nueva York: Harper, 1907). Sobre la situación de los negros durante la Reconstrucción, véase: R. Cruden, *The Negro in Reconstruction* (Englewoods Cliffs, NJ: Prentice-Hall, 1969); J. Williamson, *After Slavery* (Chapel Hill, NC: University of North Carolina, 1965); T. Holt, *Black Over White* (Urbana, IL: University of Illinois, 1977).

Acerca del autor

César Vidal es doctor en Historia —premio extraordinario de fin de carrera—, Filosofía y Teología y licenciado en Derecho. Ha enseñado en distintas universidades y ha obtenido premios literarios como el Premio de la Crítica de Novela Histórica Ciudad de Cartagena; el Premio de Espiritualidad MR por *El testamento del pescador*, la obra de carácter espiritual más vendida en España en 2006, sólo superada por la Biblia; el Premio de Novela Ciudad de Torrevieja; el Premio de Novela Histórica Alfonso X el Sabio; el Premio Algaida de Biografía; y el Premio Heterodoxos de Ensayo. Igualmente, cuenta con distinciones relacionadas con la labor en pro de los derechos humanos otorgadas por la Fundación Hebraica, Jóvenes Contra la Intolerancia y la Asociación Verde Olivo de Víctimas del Terrorismo.

Historiador y escritor de notable prestigio, sus obras suelen aparecer con regularidad en las listas de *best sellers*, estando traducidas a más de una docena de lenguas, entre las que se encuentran el inglés, el italiano, el portugués, el ruso, el búlgaro e incluso el coreano. Dedicado al mundo de la comunicación, colabora en distintos periódicos y revistas y dirige los programas *La Noche de César* y *Regreso a Camino del Sur* en la cadena Es Radio.

Más información sobre sus obras, así como sobre la manera de adquirirlas, puede hallarse en su web oficial:

www.cesarvidal.com